PC CLUSTER
BUILDING & PARALLEL COMPUTING

PC 클러스터 구축 및 병렬계산

김성기 · 이동선 · 정다래 · 김준석 지음

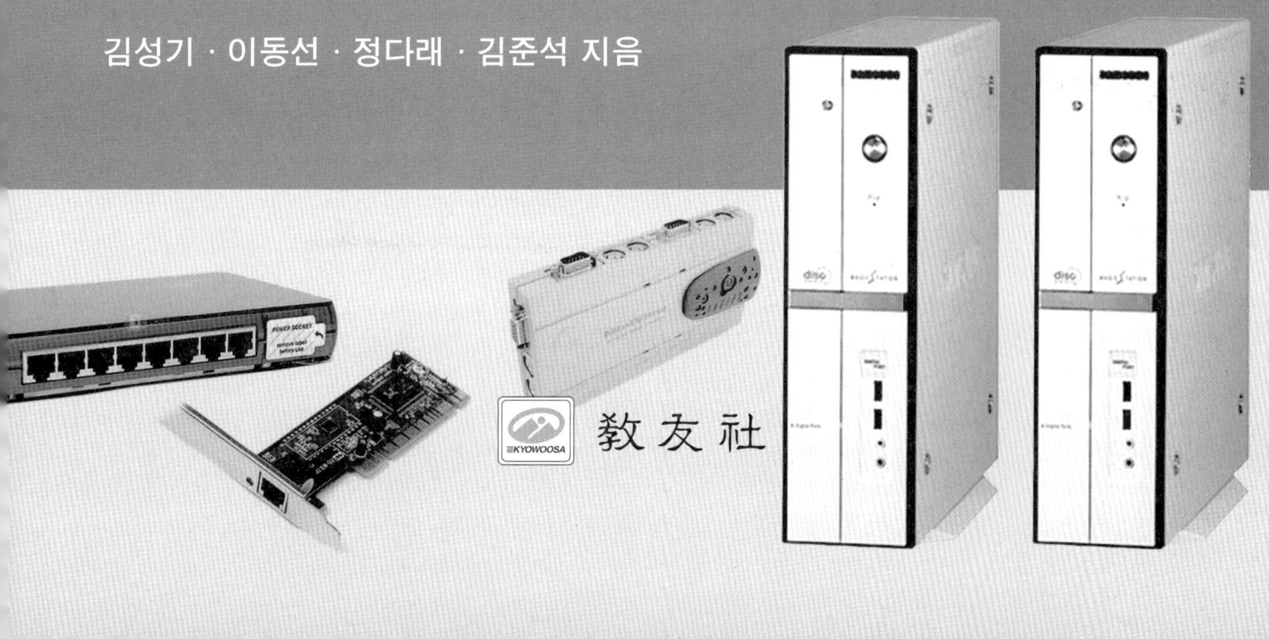

KYOWOOSA 教友社

머리말

컴퓨터로 많은 양의 계산을 하게 될 때 그 계산의 양이 컴퓨터의 성능을 넘어설 경우 컴퓨터가 제대로 계산하지 못하는 경우가 있을 것입니다. 혹은, 여러 대의 컴퓨터로 계산을 한다면 시뮬레이션하는 데에 걸리는 시간을 훨씬 줄일 수 있을 것이라고 생각해 본 적이 있을 것 입니다. 그렇다고 복잡한 컴퓨터 구조를 공부해가면서 병렬 컴퓨터를 직접 만들 엄두는 안 나셨을 것입니다. 이 책은 누구나 어렵지 않게 PC 클러스터 구축 및 병렬계산을 할 수 있게 만들었습니다. 효과적인 연구를 위해 병렬 계산이 필요한 공학자나 병렬 컴퓨팅을 처음으로 공부하려는 학생들을 위해 실용적인 면과 학문적인 면 모두를 담기 위해 노력했습니다. 설치에는 도움을 주고자 최대한 그림을 넣어가면서 과정을 설명하였기 때문에 차근차근 따라하면 순서를 진행하는데 막힘이 없을 것입니다. 처음 1장에서는 클러스터로 구축하는 데에 필요한 부품과 시스템 설치 및 병렬계산 프로그램을 알아보고, 2장에서는 구축된 클러스터로 계산하는 과정과 그 수치적 방법에 대해 다루었습니다.

제 1장은 두 개의 PC에 병렬 계산을 할 수 있는 시스템 구축을 다루었습니다. 일반적인 PC를 이용하여 수퍼 컴퓨팅이 가능한 클러스터 제작 방법을 누구나 쉽게 따라 할 수 있도록 소개 합니다.

제 2장은 구축된 클러스터로 병렬 계산을 하는 방법을 소개합니다. 병렬 프로그램 모델 MPI(Message Passing Interface)로 점대점, 집합 통신을 할 수 있어 대용량 계산을 빠르고 효율적으로 계산할 수 있습니다.

이 책은 일반 컴퓨터를 클러스터링하여 병렬 컴퓨터로 만들고 그 계산 방법에 주안점을 두었습니다. 그리고 그림과 코드 설명 및 내용 검토를 통하여 독자들이 이 책을 따라 병렬 컴퓨터를 만들고 (MPI)병렬 프로그램을 이해하도록 하였습니다. 마지막으로 이 책을 읽는 모든 분들이 병렬 컴퓨터로 좋은 성과를 거두시기를 기원합니다.

이동선 (http://elie.korea.ac.kr/~esen)

김성기 (zeqcads@naver.com)

정다래 (tinayoyo@korea.ac.kr)

김준석 (cfdkim@korea.ac.kr, http://math.korea.ac.kr/~cfdkim)

차 례

제 1 장

PC 클러스터 구축

제 1 절 PC 클러스터 구축

클러스터(Cluster)란 네트워크를 통해 여러 대의 컴퓨터를 연결하여 하나의 단일 컴퓨터처럼 작동하도록 제작한 컴퓨터를 말한다.

Cluster 구축 과정 요약[1]

1. 병렬 컴퓨터를 만들기 위해 부품들을 준비한다.
2. 관리(Master)컴퓨터에 리눅스를 설치한 후 MPI(Message Passing Interface) 라이브러리를 설치한다.
3. 계산(Slave)컴퓨터에 리눅스를 설치 후 MPI 라이브러리를 설치한다.
4. 완성된 클러스터를 테스트한다.

1.1 클러스터를 만들기 위한 준비

♠ 본체 2 대

본 서에서는 본체 두 대를 가지고 PC 클러스터를 구축하는 과정을 설명할 것이다. 그림 1.1은 클러스터 구축을 위해서 사용할 두 대의 컴퓨터(모델명 삼성 DB-Z70)이다. 이 중 하나는 관리 컴퓨터로, 다른 하나는 계산 컴

[1]본 서에서는 • Master 컴퓨터 ⟶를 관리 컴퓨터로 • Slave 컴퓨터를 ⟶ 계산 컴퓨터라 한다.

퓨터로 사용할 것이다. 병렬 컴퓨터를 만들기 위해 어느 모델의 컴퓨터를 구입할 필요는 없지만 병렬 컴퓨팅의 효율성을 생각한다면 같은 모델이나 성능의 컴퓨터를 이용하는 것이 좋다.

그림 1.1: 본체 2대, 삼성컴퓨터 모델명 DB-Z70

♠ **LAN Card**

기본적으로 본체 하나당 랜카드가 설치되어 있지만 계산 컴퓨터와 통신하고 또 외부 인터넷과 연결하기 위해 관리 컴퓨터에 랜카드(그림 1.2)를 추가 설치한다.

그림 1.2: LANcard

♠ **스위칭 허브(Switching Hub)**

스위칭 허브(그림 1.3)는 근거리통신망(LAN)을 구성할 때 단말기간 집선 장치로 스위칭 기능을 가진 장치를 가리킨다.

그림 1.3: Route

♠ **KVM 스위치**

클러스터를 사용할 때에는 모니터, 마우스, 그리고 키보드를 사용하지 않고 네트워크를 이용하여 프로그램을 실행하게 된다. 하지만 처음에 클러스터를 구축할 때에는 모니터를 보고 마우스와 키보드를 사용하여 운영체제와 필요한 라이브러리를 설치한다. 따라서 하나의 키보드, 모니터, 마우스를 공유하면 비용절감의 효과가 있다. 이 때 쓰이는 장비를 KVM(Keyboard, Video, Mouse) 스위치라고 한다.

그림 1.4: Switch

1.2 클러스터 장치 연결

♠ KVM스위치 연결

KVM스위치로 각 PC를 연결하기 앞서, 모든 PC의 주변기기의 전원을 끈다. 다음 그림 1.5은 KVM스위치의 각 위치에 따른 설명이다.

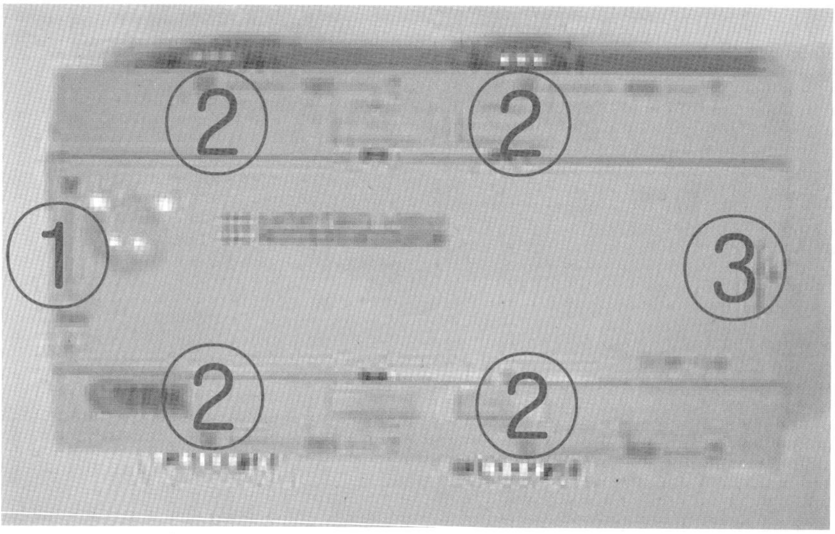

그림 1.5: KVM Switch

①번 위치를 정면에서 보면, 그림 1.6과 같다. 이곳에 왼쪽부터 모니터, 키보드, 마우스를 콘솔 포트 컨넥터로 연결한다 (그림 1.7 참조).

그림 1.6: ①번 위치의 정면

그림 1.7: 연결 방법 : 좌측부터 모니터, 키보드, 마우스를 콘솔 포트 커넥터로 연결

다음 단계로 ②번 위치(그림 1.8 참조)에 PC에 연결할 케이블에 대해서 알아보자. 그림 1.9 처럼 마우스, 키보드, 그리고 모니터 케이블을 연결한다. 다른쪽 케이블은 각각 PC에 연결한다. 이단계를 반복해서 두대의 PC에 케이블을 연결한다.

그림 1.8: ②번 포트 정면

그림 1.10은 각각의 KVM스위치와 연결된 PC를 보여준다.

③ 버튼을 누르면 컴퓨터와 연결된 케이블을 변경할 수 있게된다. 해당 포트의 붉은색의 LED 빛은 현재 연결된 PC를 알려준다.

그림 1.9: ② KVM 스위치에 케이블로 연결

그림 1.10: 각각의 KVM스위치와 연결된 PC

♠ 공유기 연결

LAN선은 컴퓨터마다 하나씩 필요하는데 관리 컴퓨터는 클러스터 통신할 랜카드와 외부에 접속할 랜카드가 있으므로 2개의 LAN선이 있어야한다.

그림 1.11: LAN선을 이용한 공유기 연결

♠ 설치 완료

그림 1.12: 클러스터 장치 연결이 완성된 모습

다음은 설치를 완료한 관리 컴퓨터와 계산 컴퓨터의 뒷 모습이다.

(a) (b)

그림 1.13: 완성된 (a)관리 컴퓨터와 (b)계산 컴퓨터

♠ 필요한 유틸(Util)

Fedora 11 DVD CD

Clustering을 하기 위해선 Linux라는 OS(Operating system)가 필요하게 되는데 Fedora를 설치하게 되면 Linux를 사용할 수 있다. Redhat에서 후원하는 Fedora란 프로젝트에서 개발한 RPM 기반의 Linux 배포판이며, 개인과 기업의 다양한 컴퓨터 환경에서 사용될 수 있도록 만들어져 있으며, 특히 그래픽 기반의 설치 프로그램인 아나콘다와 시스템-환경설정 도구를 이용해 누구나 쉽게 운영체제를 설치할 수 있는 것이 특징이다.

system-config-nfs

NFS(Network Filesystem System)를 하기 위한 서버 설정 도구 유틸(Util)이다.

xinetd

Linux시스템이 부팅될 때 적재되는 서비스 데몬들을 관장하는 슈퍼데몬이다. rsh-server 설치를 위해 반드시 xinetd는 설치되어 있어야 한다.

rsh-server

rlogin, rsh 관련 서비스를 구동하기 위해서는 rsh, rsh-server 두 개의 패키지가 설치되어 있어야 한다. 그런데 이미 rsh는 설치되어 있기 때문에 rsh-server만 설치 해주면 된다. rlogin, rsh 는 MPI 와 같은 병렬 프로그램이 프로세스간 통신을 할 때 사용되는 주요 프로토콜이다.

lam-mpi

LAM/MPI는 지금은 The Laboratory for Scientific Computing(LSC) at the University of Notre Dame에서 개발되어 제공되고 있는 MPI표준을 따르는 병렬 인터페이스다. MPI-2표준에 따라 만들어졌고 대체로 MPICH2와 비슷하다. LAM/MPI는 MPICH, MPICH2와 비교할 때 좀 더 안정적이고 작은 크기의 메시지 전달이 자주 일어나는 작업에서 더 우수한 성능을 보인다고 평가되고 있고 LAM/MPI는 PVM처럼 다른 종류의 시스템을 하나의 가상 기계로 사용에 더 적합하게 만들어졌다.

Fedora Download 방법

1. KAIST FTP Server에서 Download : 주소 입력란에 ftp://ftp.kaist.ac.kr/fedora/linux/releases/11/Fedora/i386/iso/를 입력하고 Fedora-11-i386-DVD.iso를 다운받는다.

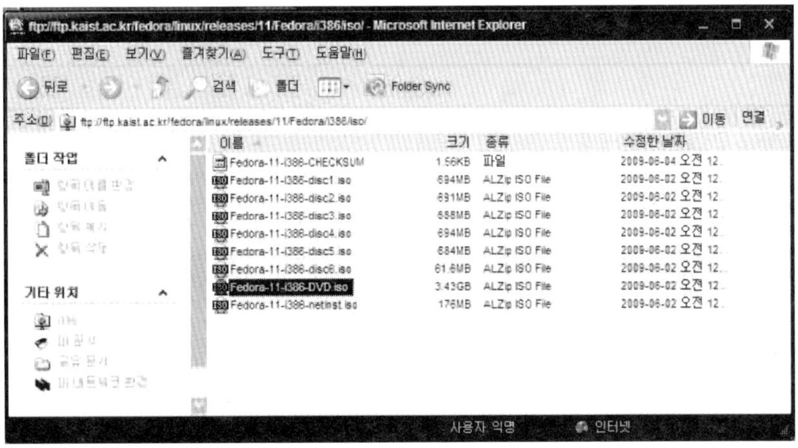

그림 1.14: KAIST FTP Server

2. Fedora홈페이지에 있는 Mirror Server를 이용

- Fedora Mirror Server로 이동하여 FTP서버를 선택한다.

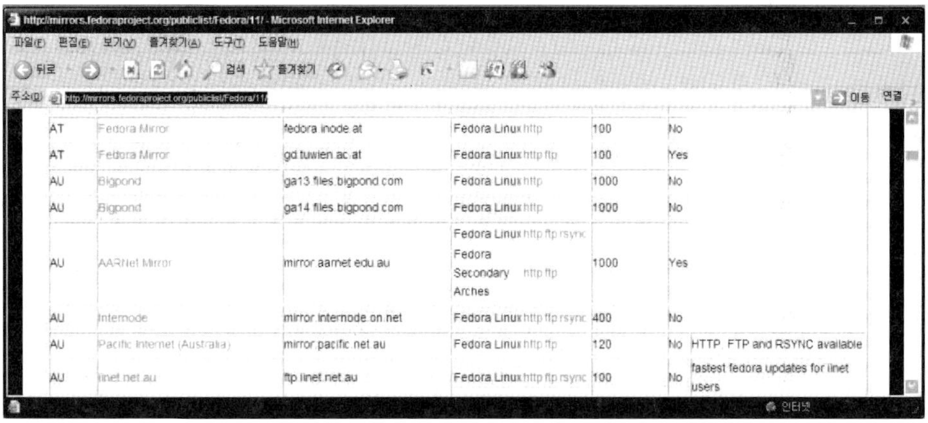

그림 1.15: Fedora Mirror Server

- releases Directroy로 이동

그림 1.16: Releases Directroy

- 11 Directroy로 이동

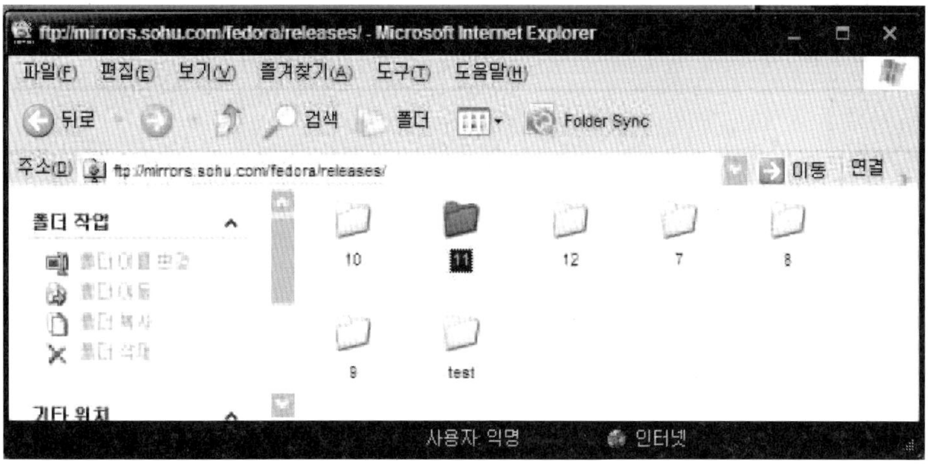

그림 1.17: 11 Directroy

- Fedora Directroy로 이동

그림 1.18: Fedora Directroy

- i386 Directroy로 이동

그림 1.19: i386 Directroy

- iso Directroy로 이동

그림 1.20: iso Directroy

- Fedora-11-i386-DVD.iso 를 다운받는다.

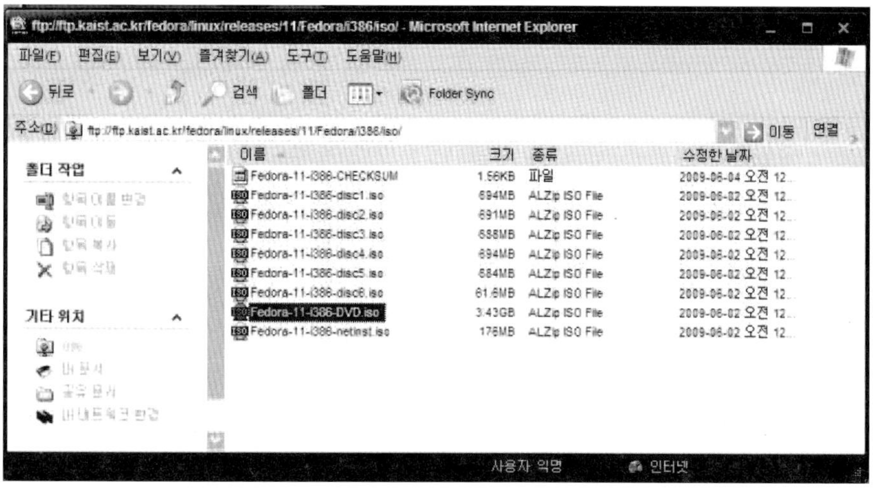

그림 1.21: Fedora iso Download

제 2 절 관리 컴퓨터(Master computer) Linux 설치

*본 절의 내용들은 **Fedora 11**을 기준으로 작성되었다.
두 개의 랜카드를 구비한 컴퓨터에 설치한다.

♠ BIOS 설정

Fedora11 DVD를 CDROM에 넣고 재부팅을 한다. CDROM로 부팅해야 하기 문에 BIOS에서 부팅순서를 CDROM이 첫 순서로 되도록 해 놓는다. BIOS로 들어가는 방법은 부팅 하는 화면에서 F2키를 누르면 된다. CDROM이 가장 부팅 우선순위로 되면 F10키를 눌러 저장하고 BIOS화면에서 나간다.

♠ Select Install Menu

설치는 Install or upgrade an existing system을 선택한다.

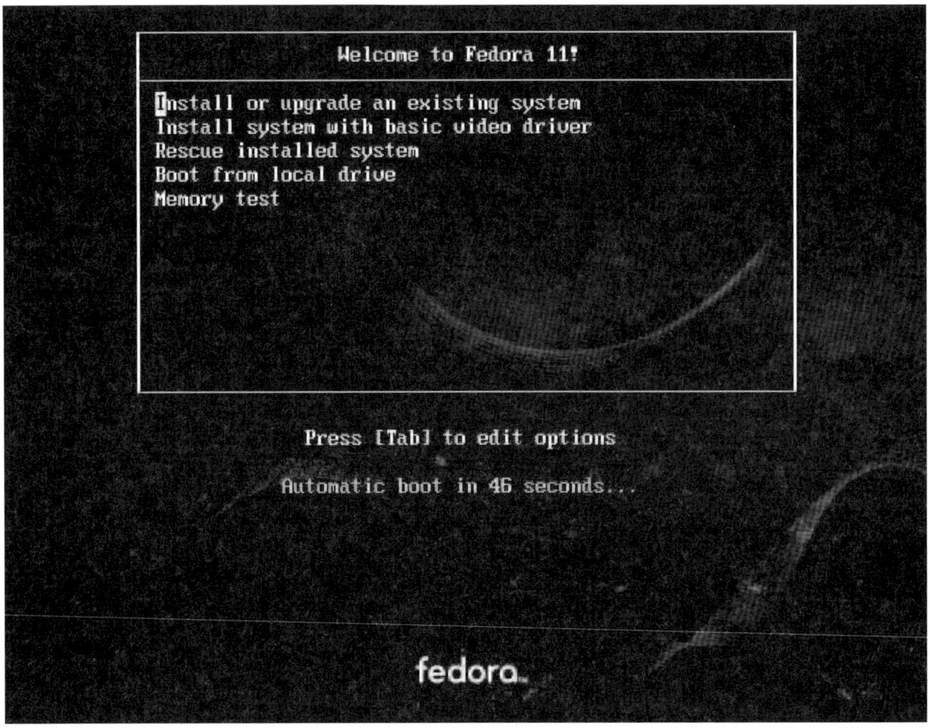

그림 1.22: Select Install Main

♠ Media Test

부팅을 하면 CD 매체를 검사할지 물어보는데 Tab 키를 사용하여 [Skip]을 선택한 후 Enter 키를 누른다. 이후에 Next 클릭한다.

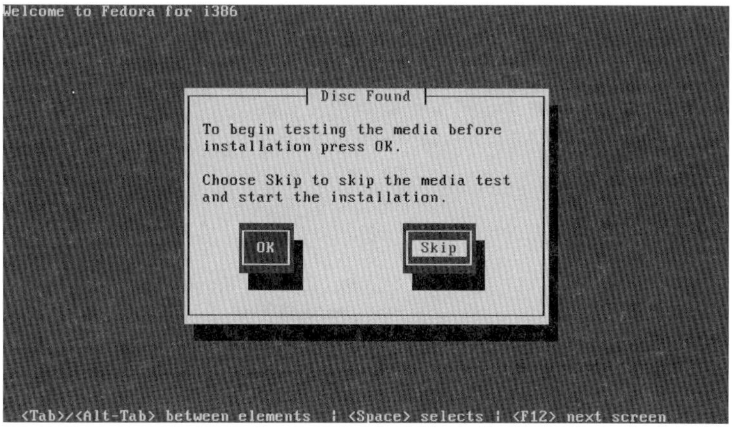

그림 1.23: Media Test

♠ Language

리눅스 상에서 쓰일 언어를 선택한다. English(English)를 선택 후 Next 클릭

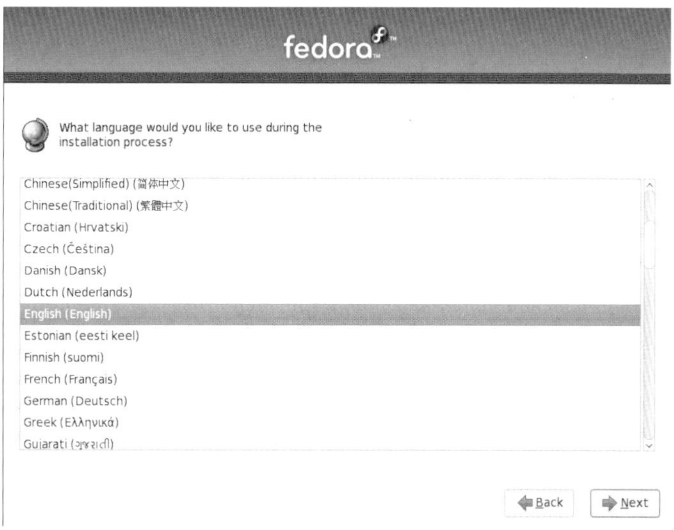

그림 1.24: Language

♠ Keyboard

키보드를 설정하는데 U.S.English를 선택 후 Next 클릭.

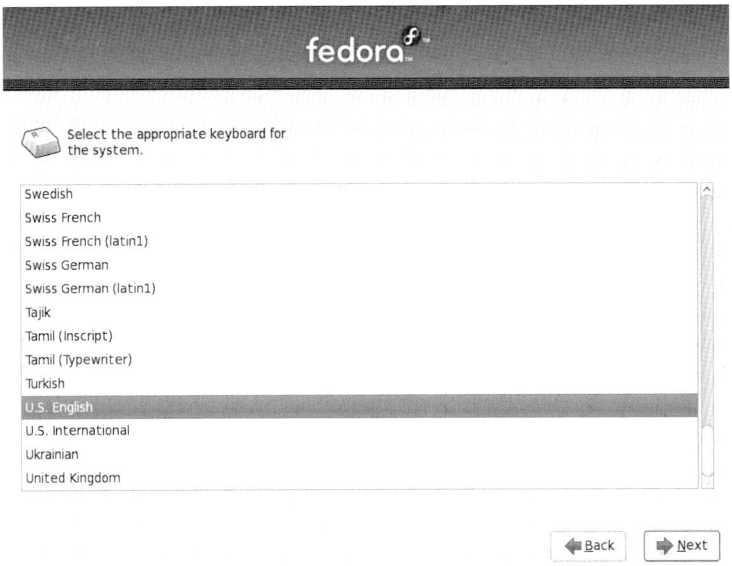

그림 1.25: Keyboard

♠ Hostname

Hostname은 어떤 이름이든 상관없다. localhost.localdomain을 삭제 후

- 관리 컴퓨터일 경우는 node1,
- 계산 컴퓨터에서는 node2로 한다.

그리고 Next를 클릭한다.

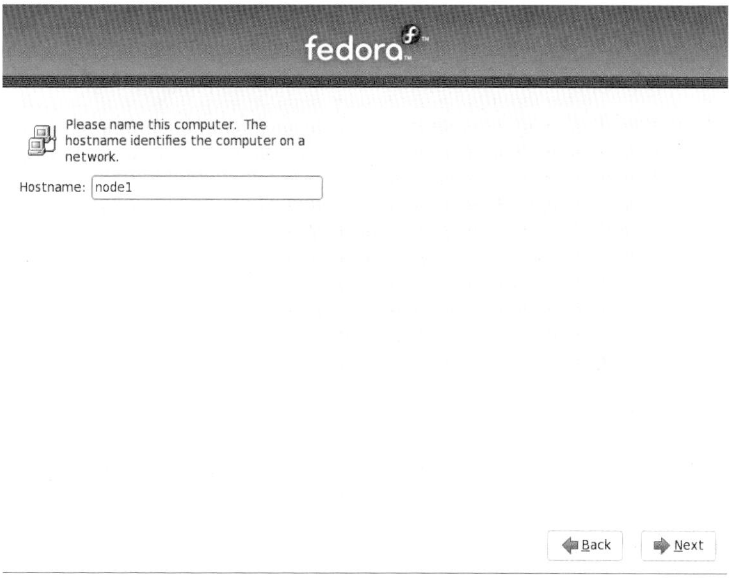

그림 1.26: 관리 컴퓨터

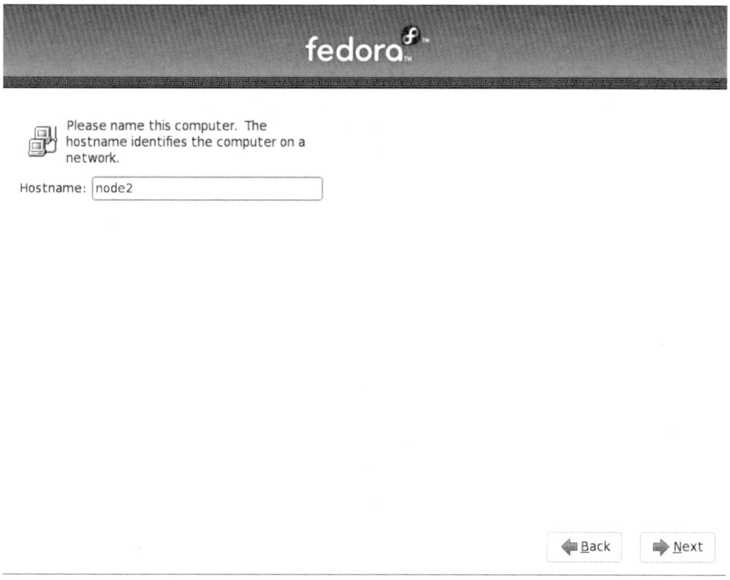

그림 1.27: 계산 컴퓨터

♠ Nearest City

NearestCity는 Asia/Seoul로 선택한 후 Next 클릭한다.

그림 1.28: Nearest City

♠ Root Password

Root Password는 해킹의 위험이 있기 때문에 가급적 쉽게 알 수 없는 것으로 한다. 본 예제에서는 편의상 111111으로 한다. 암호의 길이는 최소한 6개가 되어야 한다. 경고창이 나오지만 Yes를 클릭한다.

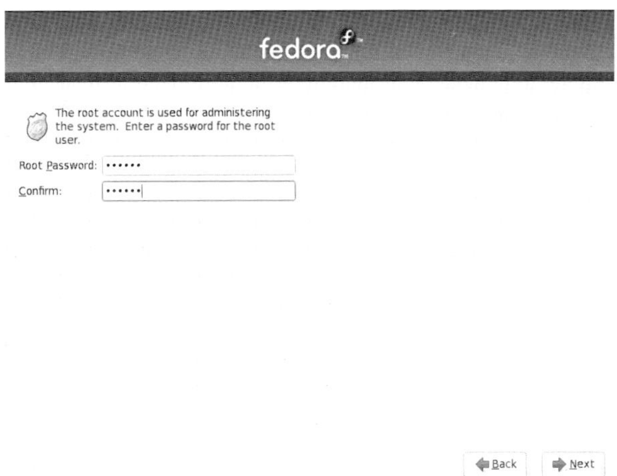

그림 1.29: Root Password

♠ **Partition Hard**

Partition Hard는 Create custom layout을 선택한다. 그 다음 Next를 누른다.

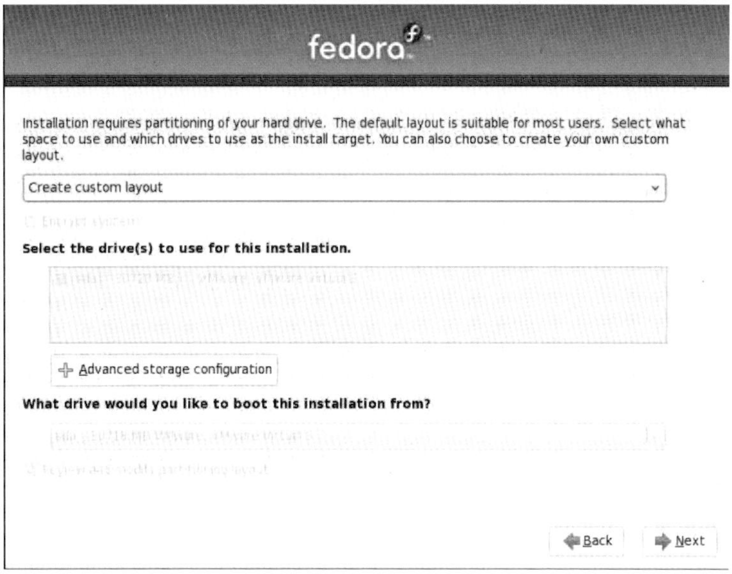

그림 1.30: Partition Hard

♠ Partition

여기에서는 하나의 Partition을 사용하는 것으로 한다. 먼저 이전 Partition을 모두 Delete한다. Delete하는 방법은 지울 Partition을 마우스로 선택하여 Delete버튼을 누르면 된다.

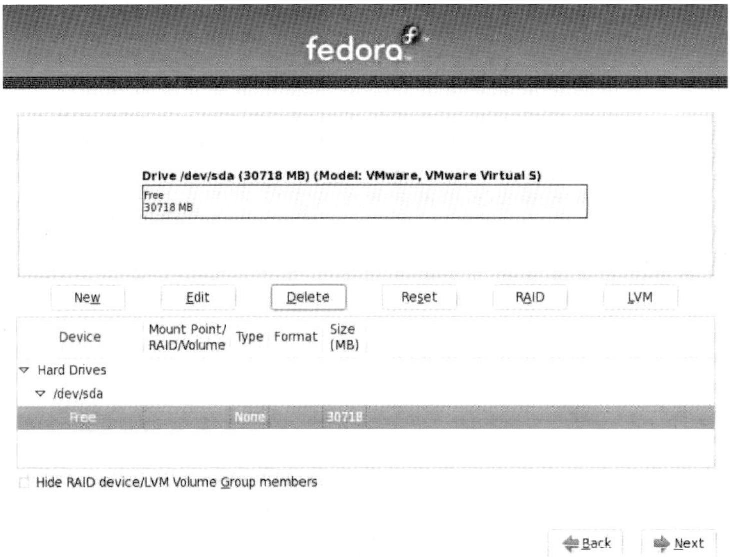

그림 1.31: Partition

그 다음 New를 클릭하여 Partition을 할당한다. Mount Point는 /으로 선택하고 File System Type는 ext3으로 Additional Size Options항목에서 Fill to maximum allowable size를 체크한다. 그 다음 OK를 누른다. 이제 Next를 클릭한다.

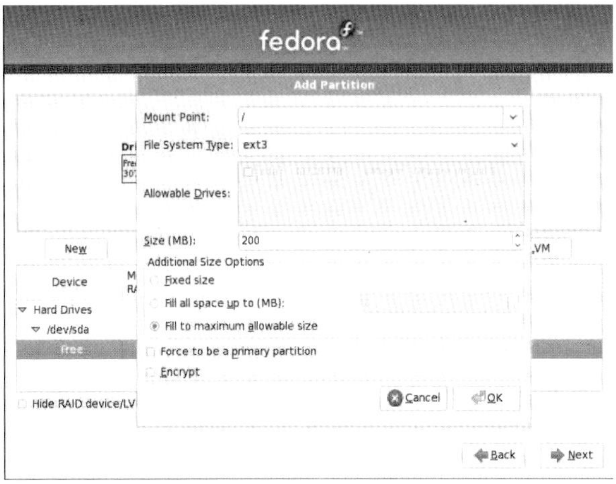

그림 1.32: Partition Add

경고창은 무시하고 Yes를 클릭한다.

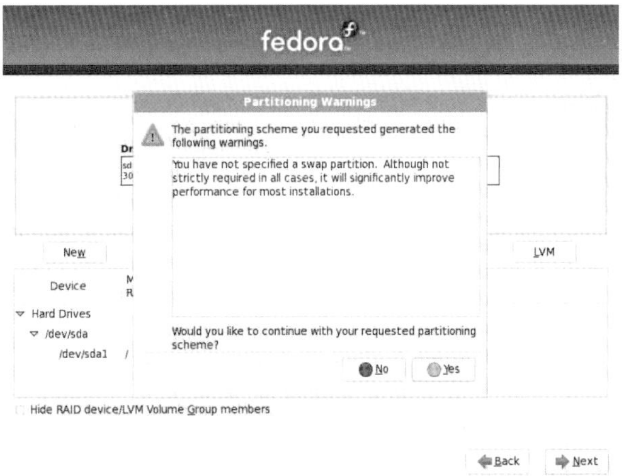

그림 1.33: Partition Warning

또 다른 경고창이 나오지만 Write changes to disk 클릭한다.

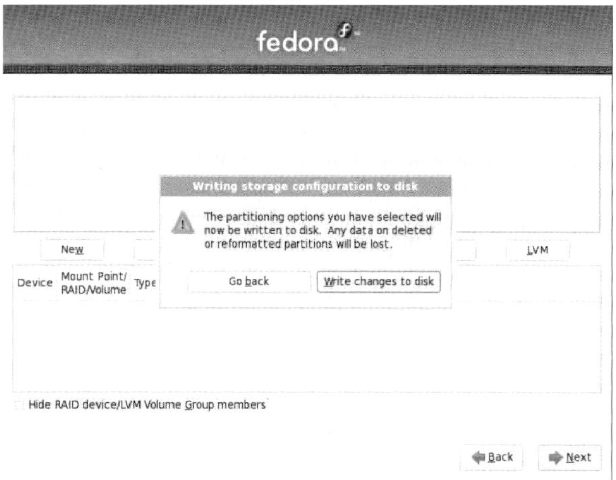

그림 1.34: Partition WriteDisk

♠ **Boot System**

변경 사항 없이 Next를 클릭한다.

그림 1.35: Boot System

♠ **Include Application**

Office and Productivity외에 Software Development를 추가로 체크한다. 이는 병렬 프로그램인 LAM-MPI를 설치시 필요한 라이브러리가 Software Development안에 있기 때문에 반드시 해주어야 한다. Next를 누르면 설치가 진행된다. (보통 15분에서 20분정도 걸린다.)

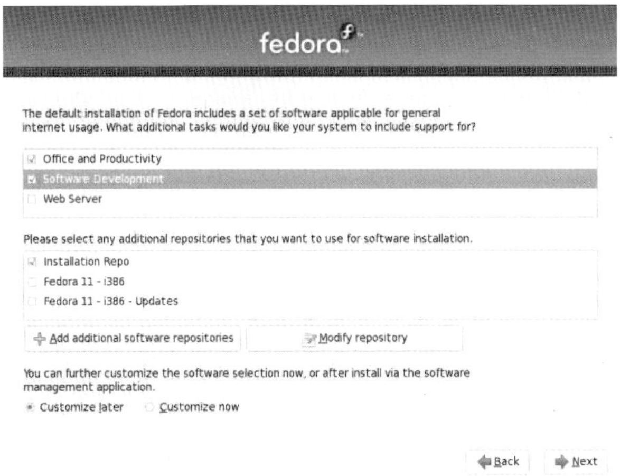

그림 1.36: Include Application

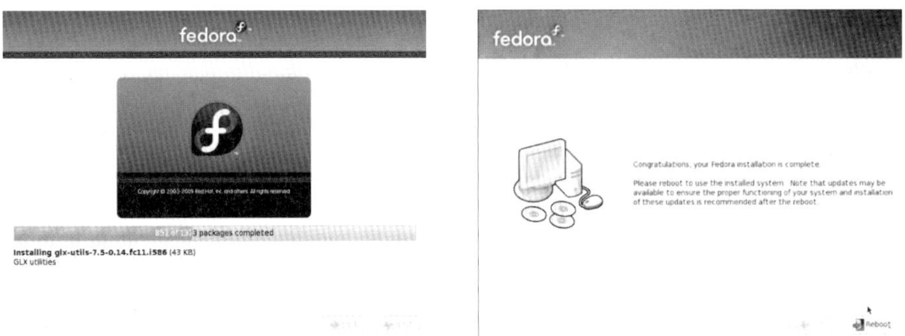

(a) (b)

그림 1.37: (a) Install (b) Reboot

설치가 완료되면 Reboot을 클릭하고 나서 Fedora 11DVD를 CDROM에서 꺼낸다.

♠ **Welcome Fedora**

Reboot을 하고 나면 다음과 같은 화면이 나오는데 Forward를 클릭한다.

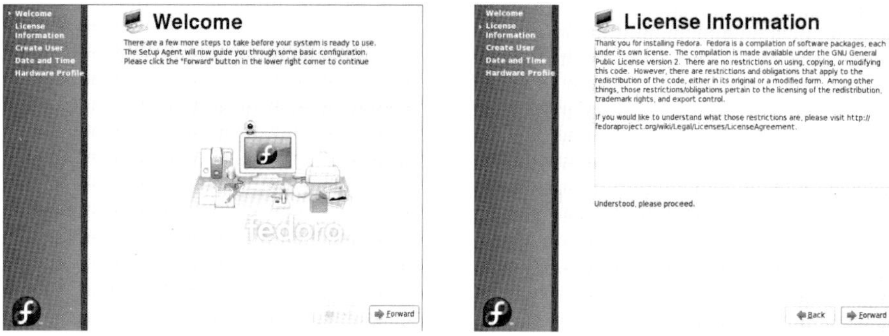

(a) (b)

그림 1.38: (a) Welcome Fedora (b) License

♠ **License**

License정보가 나온다. Forward를 클릭한다.

♠ **Create User**

계정의 이름은 어떤 이름도 상관없지만 반드시

- 계산 컴퓨터와 관리 컴퓨터의 계정 이름은 같아야 한다. 본 예제에서는 korea라는 계정 이름을 사용한다. 비밀번호도 편의상 111111으로 지정한다. Forward를 클릭한다. 경고창이 뜨지만 Yes라고 한다.

♠ **Date And Time**

현재 날짜와 시간을 확인을 한다. Forward를 클릭한다.

♠ **Hardware Profile**

Do not send profile을 체크하고 Finish를 클릭한다. No, do not send를 클릭한다.

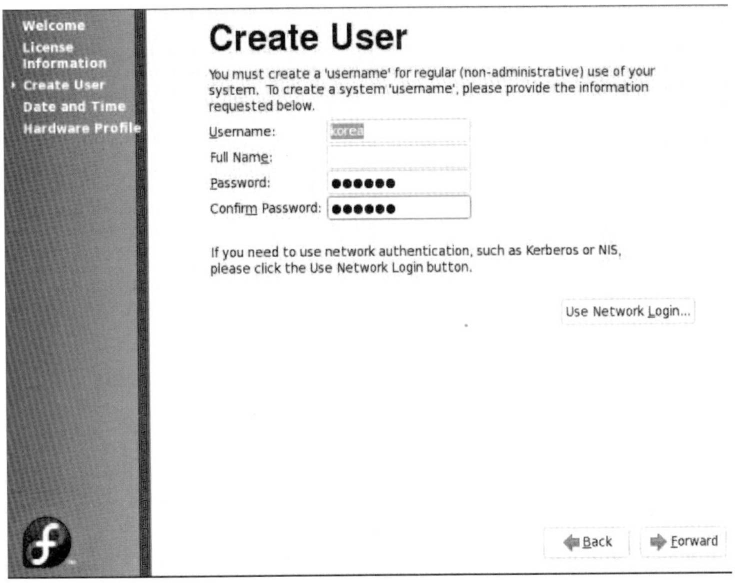

그림 1.39: Create User

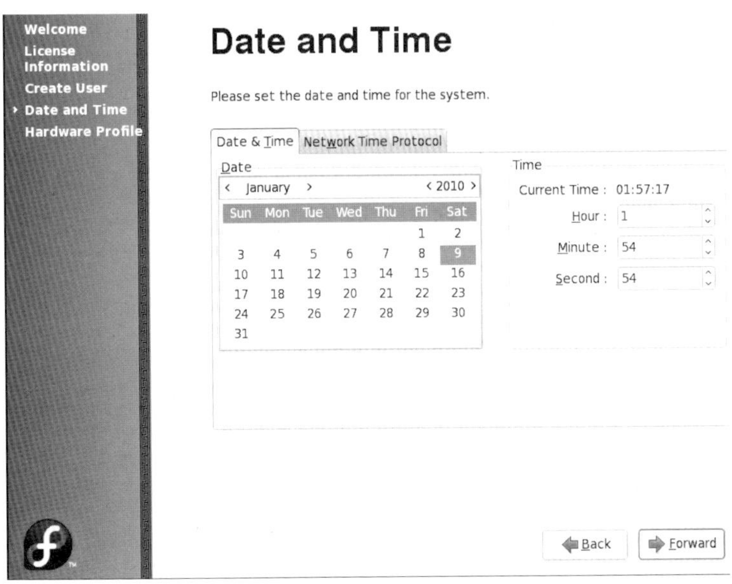

그림 1.40: Date And Time

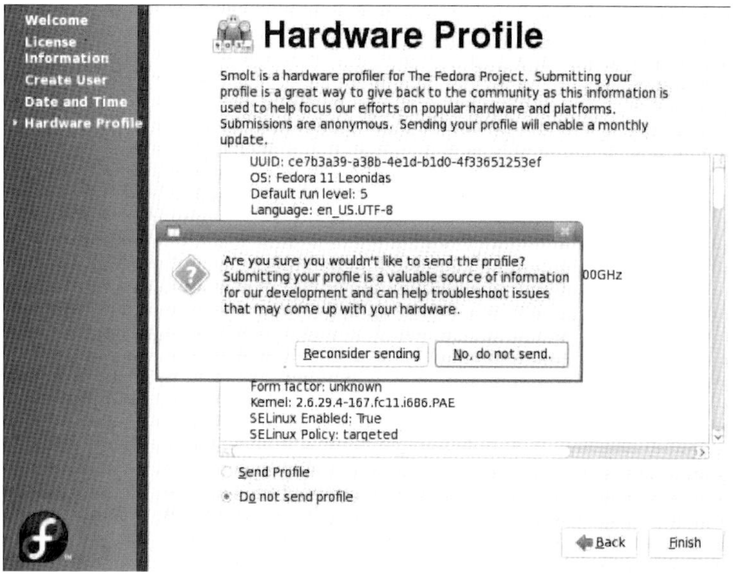

그림 1.41: Hardware Profile

♠ Login

모든 설정이 되었으므로 이제 만들어진 계정으로 Login한다. 만들어진 아이디를 클릭하고 비밀번호를 입력후 Log In을 클릭하면 된다.

정상적으로 Login되는 것을 확인하자.

♠ Firewall 해제

관리 컴퓨터와 계산 컴퓨터가 RSH을 사용하기 위하여 Firewall이 해제되어 있어야 한다. 다음 순서대로 따라한다.

- Applications > System Tools > Terminal.
- Terminal로 들어가 관리자 계정으로 로그인 해서 (su를 입력한 후, password를 입력하면, 그림 1.44에서와 같이 관리자 계정으로 들어갈 수 있다) `system-config-firewall`을 입력한다. 경고창이 뜨나 닫는다. 역시 경고창이 뜨나 Yes를 클릭한다. Firewall Configuration 창을 닫는다.
- 그 다음 Disable을 클릭한 후 Apply를 클릭한다. 경고창이 뜨나 Yes를 선택한다. File에서 Quit하고 나온다.

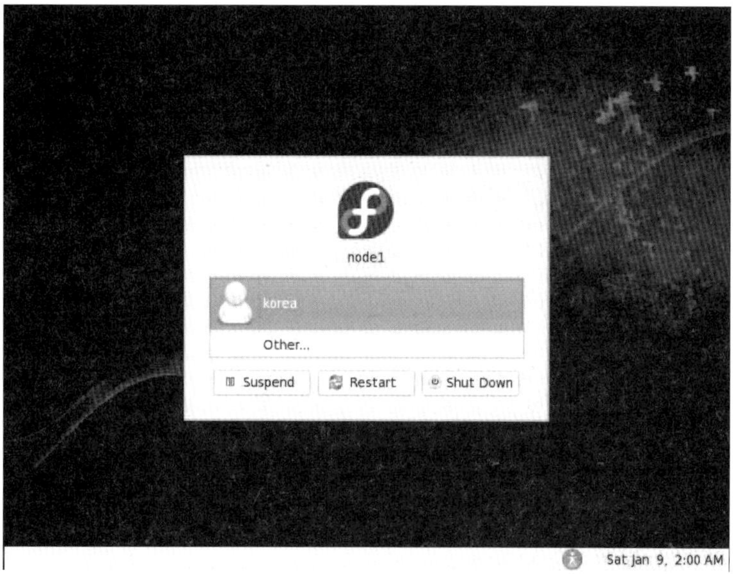

그림 1.42: Login

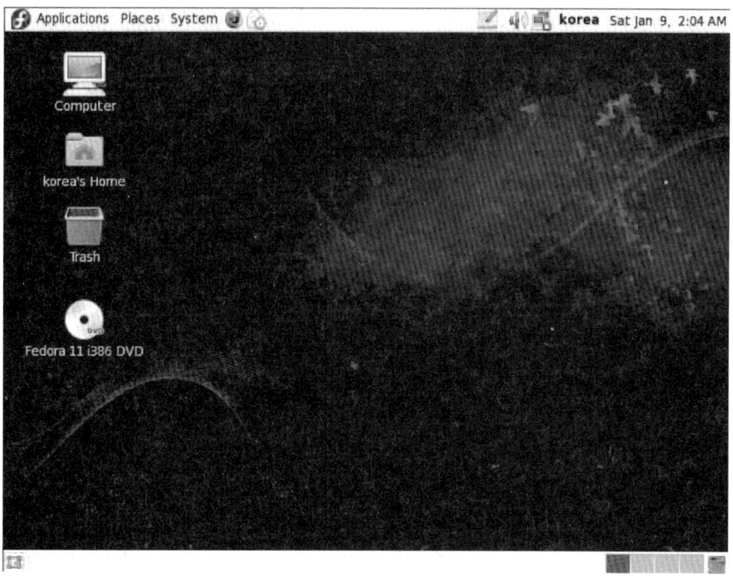

그림 1.43: Main

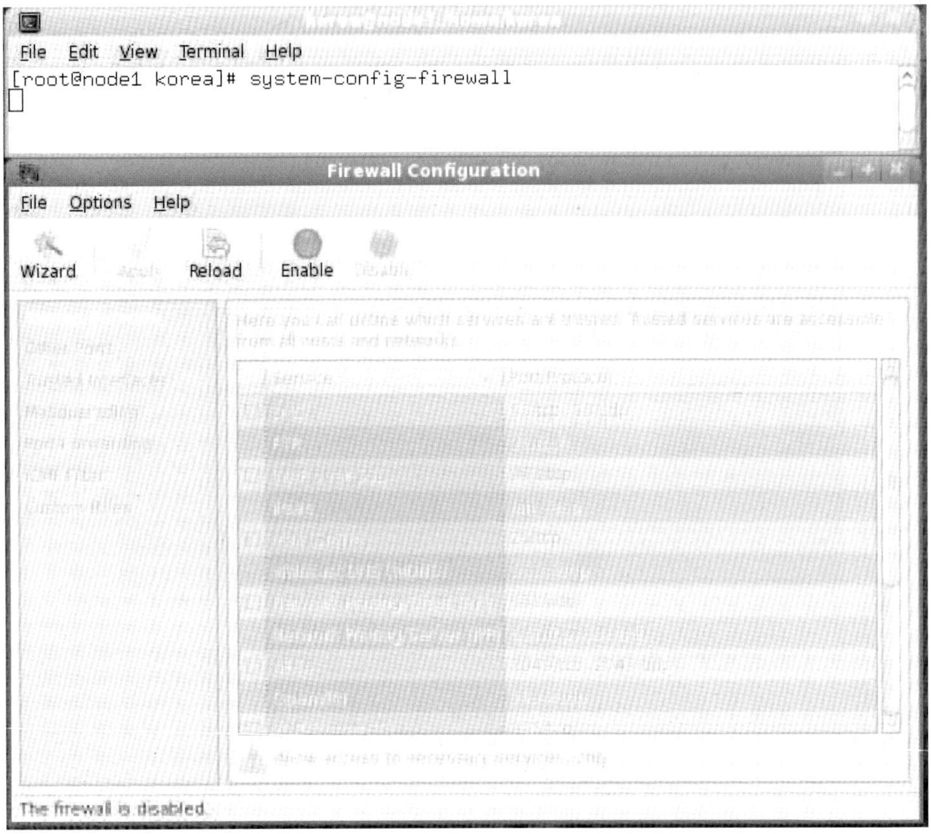

그림 1.44: Firewall

♠ 외부로 연결된 네크워크 장치 설정

(본 책에서는 eth1이 외부로 연결되어 있다. 확인을 위해서는 Network configuration에서 Hardware를 보면 외부 랜카드 Description을 보면 알수있다. 계산 컴퓨터인 경우 설치하지 않는다.)

- Terminal로 들어가 `system-config-network`를 입력한다.
- 그 다음 외부로 연결된 장치(eth1)를 더블 클릭
- Controlled by NetworkManager와 Activate device when computer starts를 체크하고
- Statically set IP address항목을 선택하여 Address, Subnet mask, Default gateway address, Primary DNS, 그리고 secondary DNS를 입력한다. 반드시 공인 IP이여야한다. OK를 클릭하고 File > Save를 클릭한다. 그리고 Quit를 하고 나온다.

본 예제에서는

Address : 163.152.197.67

Subnet mask : 255.255.255.0

Default gateway address : 163.152.62.1

Primary DNS : 163.152.1.1

Secondary DNS : 163.152.11.6

으로 한다.

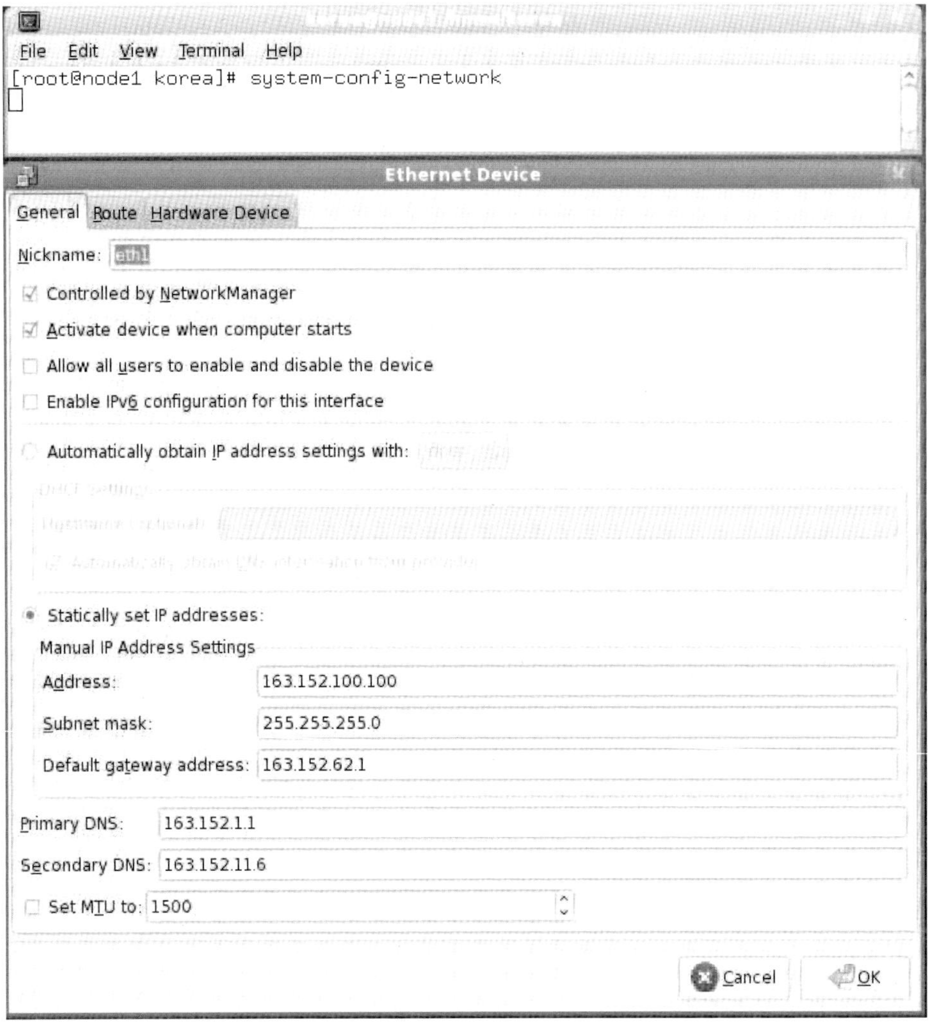

그림 1.45: 외부 Network 장치

♠ 내부로 연결된 네크워크 장치 설정
(본 책에서는 eth0이 내부로 연결되어 있다.)

- Terminal로 들어가 `system-config-network`를 입력한다.
- 그 다음 내부로 연결된 장치(et0)를 더블클릭
- Controlled by NetworkManager와 Activate device when computer starts를 체크하고
- Statically set IP address항목을 선택하여 Address, Subnet mask를 입력한다. 내부로 연결된 컴퓨터만 통신을 하기 때문에 어떤 IP를 주소를 입력해도 된다. 단 다른 계산 컴퓨터와 같은 IP는 불가능하다. OK를 클릭하고 File > Save를 클릭한다. 그리고 Quit를 하고 나온다.

본 예제에서는

- 관리 컴퓨터인 경우(그림 1.46)

Address : 192.168.111.111
Subnet mask : 192.168.0.100

- 계산 컴퓨터인 경우(그림 1.47)

Address : 192.168.111.222
Subnet mask : 192.168.0.100

으로 한다.

♠ Network 환경 적용
앞서 설정해놓은 network 환경을 적용하기 위해

- Terminal로 들어가 `service network restart`를 입력한다.

그림 1.46: 관리컴퓨터 내부로 통신 할 Network 장치 설정

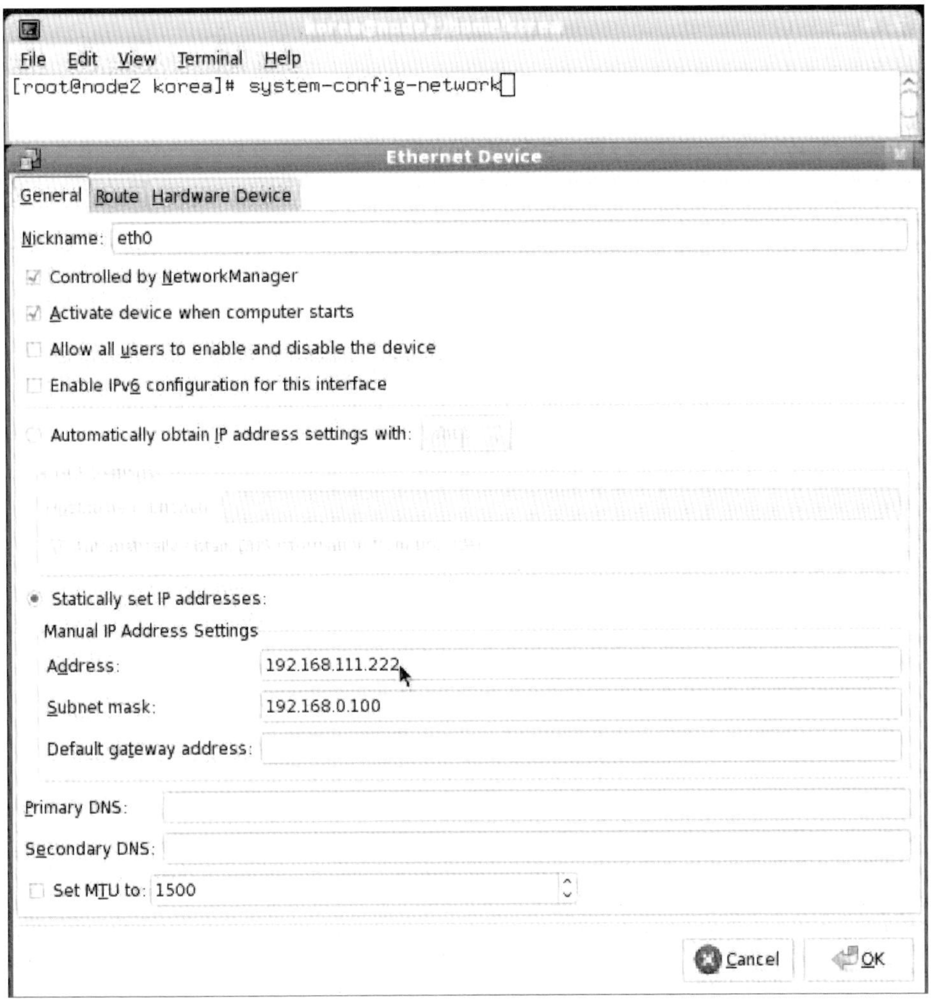

그림 1.47: 계산 컴퓨터 내부로 통신 할 Network 장치 설정

2.1 Clustering을 위한 유틸(Util)설치 및 설정

- 인터넷 주소창에서 `http://math.korea.ac.kr/~cfdkim/parallel/data/util.zip`를 입력하여 util.zip을 다운 받는다.

우선 Terminal 창에서 root 관리자 계정 접속을 exit하고 mkdir data 명령어로 data라는 디렉토리를 생성한다. 다운받은 util.zip파일을 USB를 이용하여 data 디렉토리에 복사한다. 복사할때는 리눅스 바탕화면에 있는 Computer 아이콘을 더블클릭하여 util.zip이 들어있는 저장 장소를 찾아서 복사하고 바탕화면에 있는 korea's Home 아이콘을 더블클릭하여 data 디렉토리를 찾아서 붙여넣기 하면 된다.

이제 다시 su 명령어 사용하여 root 계정으로 로그인 한다. cd data 한 후에 unzip util.zip을 사용하여 압축을 푼다.

♠ system-config-nfs-1.2.8-1.noarch.rpm 설치

이제, rpm nfs 설치를 위해

`rpm -ivh system-config-nfs-1.2.8-1.noarch.rpm`를 입력하고 엔터키를 친다.

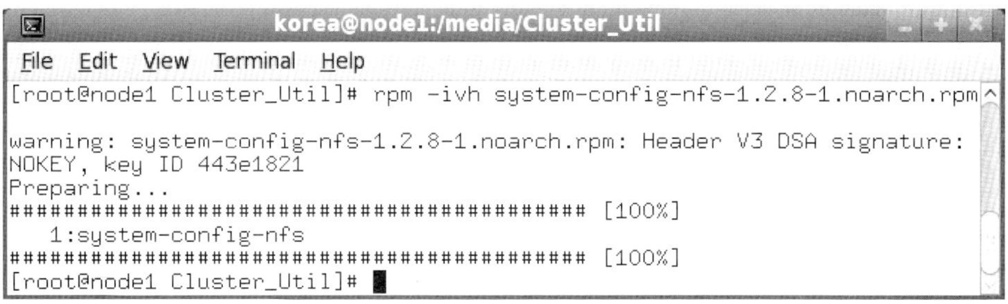

그림 1.48: Rpm NFS 설치

♠ xinetd-2.3.14-21.fc10.i386.rpm 설치

rpm -ivh xinetd-2.3.14-21.fc10.i386.rpm를 입력하고 엔터키를 친다.

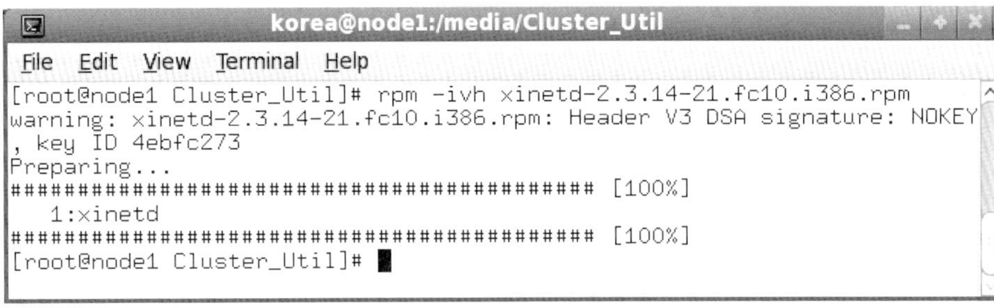

그림 1.49: Rpm Xinetd 설치

♠ rsh-server-0.17-51.fc10.i386.rpm 설치

rpm -ivh rsh-server-0.17-51.fc10.i386.rpm을 입력하고 엔터키를 친다.

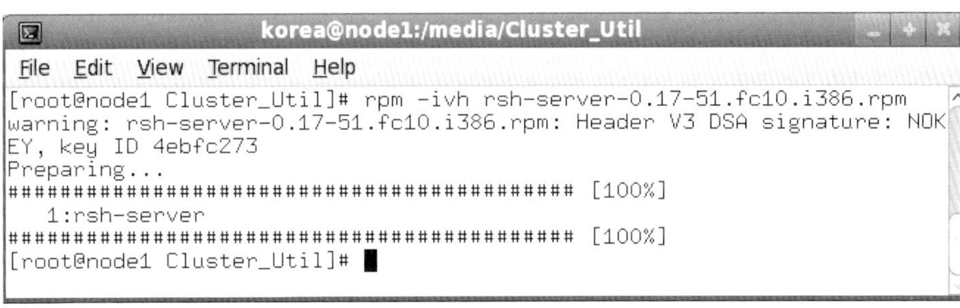

그림 1.50: Rpm Rsh-Server 설치

♠ LAM-MPI 설치 및 설정

tar -C /home/korea/Download -zxvf lam-7.1.5b2.tar.gz 을 입력한다. -C 옵션은 압축을 풀 장소를 지정하는 옵션이다. korea는 계정이름이므로 만든 계정에 따라 달라질수 있다.

- 압축을 푼 곳 lam-7.1.5b2 폴더로 이동한다.

  본 책에서는 cd /home/korea/Download/lam-7.1.5b2/를 입력하면 된다.

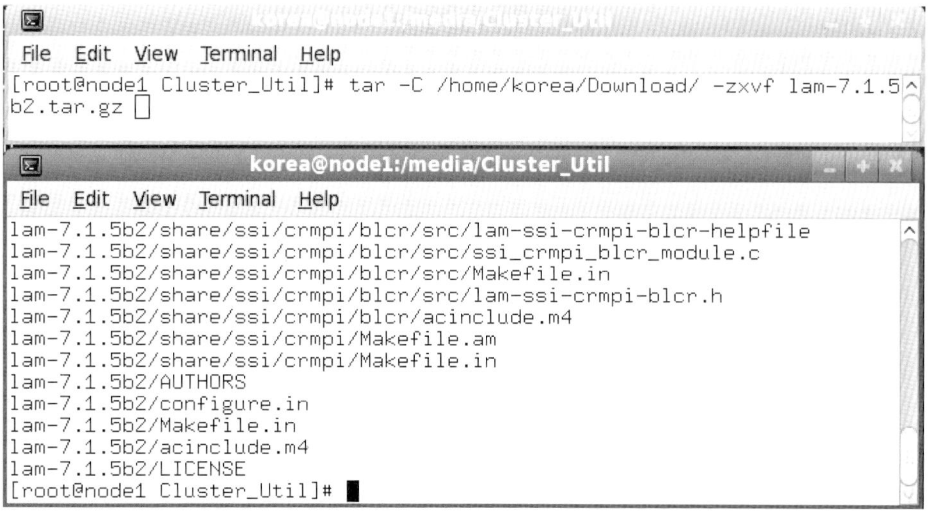

그림 1.51: LAMMPI 압축 풀기

그림 1.52: 압축 푼 LAMMPI 폴더로 이동

♠ Configure

현재 OS의 종류나 컴파일러 위치, 종류 등을 파악하고, 사용자가 컴파일이 완료된 프로그램의 위치를 지정하거나, 기타 등등 환경을 맞춰서 자신이 원하는 makefile을 만들어내는 과정이다.

- 앞서 이동한 `lam-7.1.5b2` 폴더에서

  `./configure --prefix=/usr/local/lam`을 입력하고 엔터키를 친다.

  `--prefix`옵션은 설치를 할 곳을 지정하는 것이다. 컴퓨터에 따라 다르겠지만, 약 5분정도 소요된다.

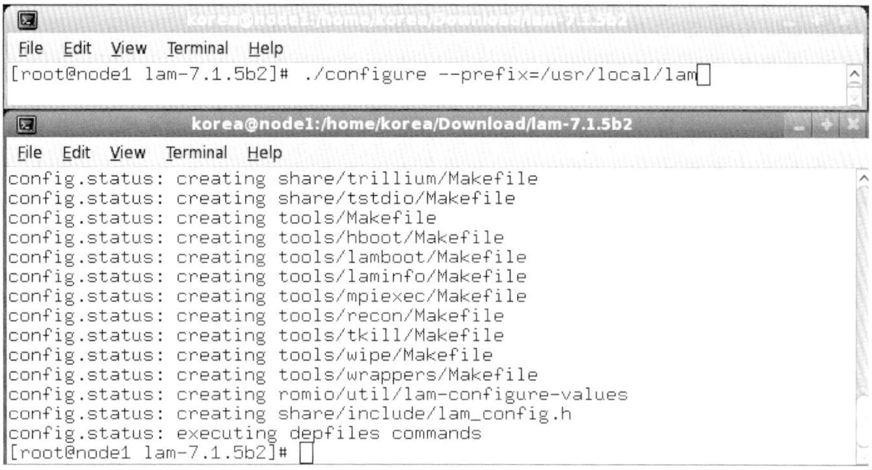

그림 1.53: configure

♠ make

make 명령어는 LAMMPI를 Build한다.

- Terminal에서 `make`를 입력한다.

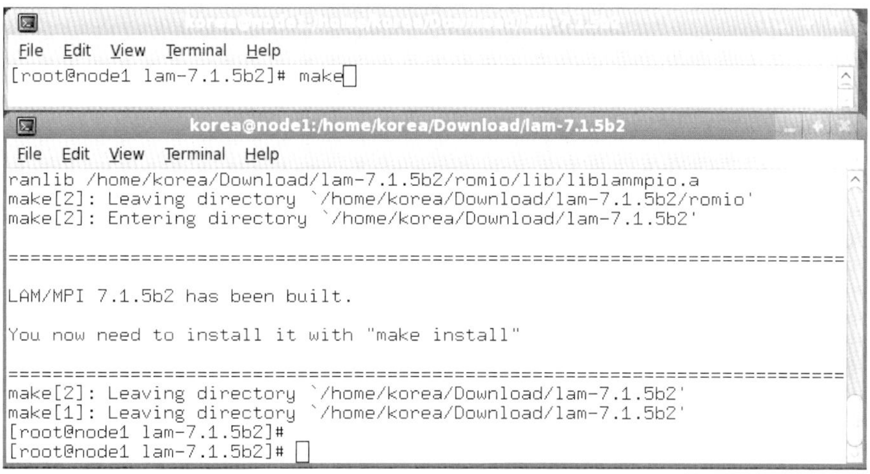

그림 1.54: make

♠ make install

make 명령어로 만들어진 binary파일을 지정된 Directory로 위치시키는 과정이다.

- Terminal에서 `make install`를 입력후 엔터키를 친다.

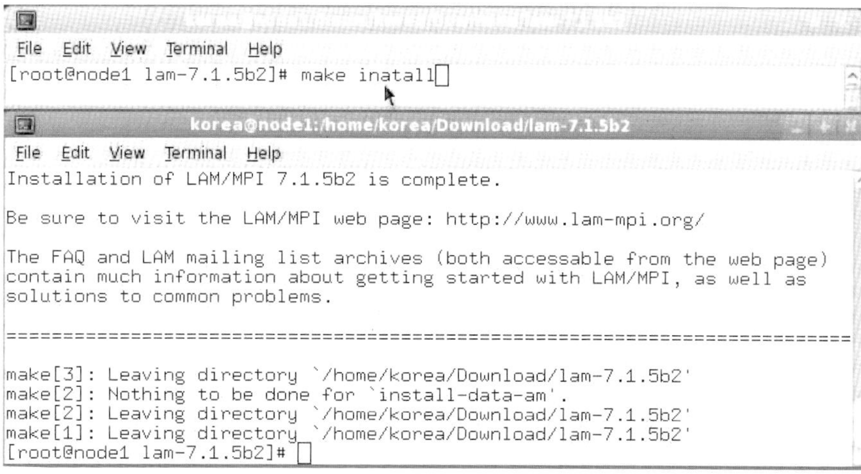

그림 1.55: make install

이제, /etc/bashrc파일을 수정하여 LAMMPI 환경설정을 한다.

- Terminal에서 `vi /etc/bashrc`를 입력후 엔터키를 친다. 그 다음

```
LAMHOME=/usr/local/lam
PATH=$PATH:/usr/local/lam/bin
export  LAMHOME PATH
```

을 그림 1.56과 같이 마지막 줄에 추가한다.

vi에서 입력은 키보드 i키를 누르고 시작하면 되고, 저장하고 나갈려면 ESC키 를 누른 다음 Shift키와 :키를 동시에 누른 다음 wq를 쓰고 엔터키를 친다. 마지막줄에서 export 다음에 간격은 Tab키를 사용한다.

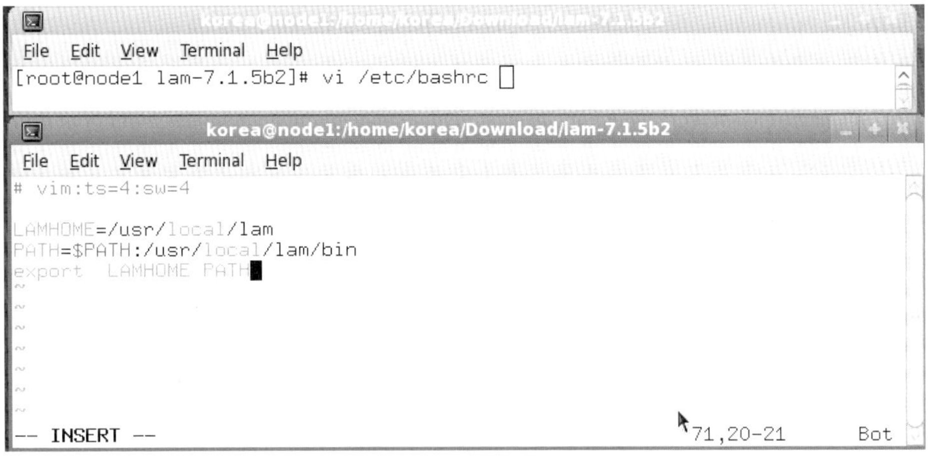

그림 1.56: LAMMPI 환경 설정

bashrc파일을 적용하기 위해

- Terminal에서 `source ~/.bahsrc`를 입력한다.

그림 1.57: 수정한 bashrc 파일 적용

♠ ntsysv 설정

- Terminal 에서 `ntsysv`을 입력한다. 그러면 부팅시 데몬을 자동으로 실행 할 수 있는 항목들이 나온다. **nfs, rexec, rlogin, rpcbind, rsh**가 체크되었는지 확인하고, 체크표시가 없다면스페이스바를 이용하여 체크한다. 이동은 Tab키이다. 체크를 한 후 Tab키를 이용하여 Enter를 누르면 된다.

여기서, 체크되었는지 확인한 항목들을 간단히 설명하면 다음과 같다.

NFS(Network File System)

NFS란 Sun Microsystems사에서 개발된 것으로 TCP/IP네트워크 상에서 다른 컴퓨터의 파일시스템을 마운트하고 공유하여 상대방의 파일 시스템일

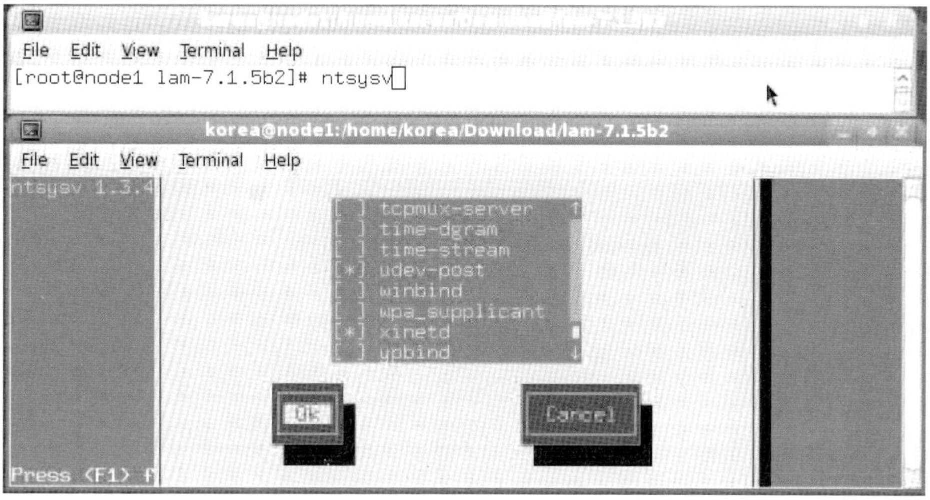

그림 1.58: ntsysv

부를 마치 자기 자신의 디렉토리인 것처럼 사용할 수 있게 해준다. NFS가 사용되는 주된 이유는 고용량의 하드디스크를 탑재하고 있는 몇 대의 워크스테이션이 네트워크의 다른 컴퓨터들에게 파일 시스템서비스를 해줌으로써 모든 컴퓨터들이 필요 이상의 자원을 가질 필요도 없고 소프트웨어를 여기저기 깔아 둘 필요도 없어지게 때문이다. 하지만 NFS는 사용이 편리한 반면 보안에 상당히 미약하기 때문에 주의해서 사용해야 한다.

rexec

사용자명과 패스워드 인증으로 exec 서버를 이용하여 원격지에서 명령을 실행할 수 있는 클라이언트 서비스다.

rlogin

인증된 원격 호스트로부터 허용된 포트를 이용하는 인증된 사용자의 로그인을 허용하는 서비스이다. 즉, 원격 로그인 서비스이다.

rsh

원격쉘(remote shell)로서 r-commands 의 일종이다. 즉, 인증된 원격 호스트로부터 허용된 포트를 이용하는 인증된 사용자의 원격쉘을 사용할 수 있는 서비스이다.

rpcbind

시스템이 내장된 RPC를 사용하기 위하여, 준비된 서비스를 반드시 등록

되어야 한다. rpc데몬은 시스템에서 RPC서비스를 관리한다.
이제, ntsysv로 변경된 내용을 적용하자.

- Terminal 에서 `service xinetd restart`을 입력한다. 그림 1.62에서 볼 수 있듯이 Starting xinetd항목만 OK이면 성공적으로 된 것이다.

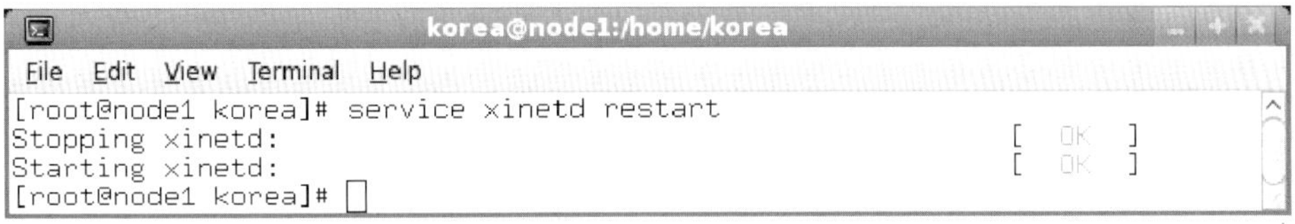

그림 1.59: Xinetd Restart

♠ Hosts 설정

- Terminal에서 `vi /etc/hosts`을 입력후 엔터키를 친다. 이 파일을 수정하면 IP주소를 hostname이나 그 역으로 변환할 수 있다. /etc/hosts에 들어있는 모든 내용을 지우고 다음과 같은 내용을 추가한다. 한줄을 지울때는 dd를 입력하면 된다.

```
163.152.100.100   master.cluster.net   master
192.168.111.111   node1.cluster.net    node1
192.168.111.222   node2.cluster.net    node2
```

첫 번째 줄은 외부로 연결된 host이고 두 번째, 세번째 줄은 계산 컴퓨터의 host들을 뜻한다. 위의 내용을 입력할 때 음절과 음절사이는 Tab으로 띄운다.

반드시,
관리 컴퓨터와 계산 컴퓨터는 /etc/hosts내용이 똑같이 있어야 한다.

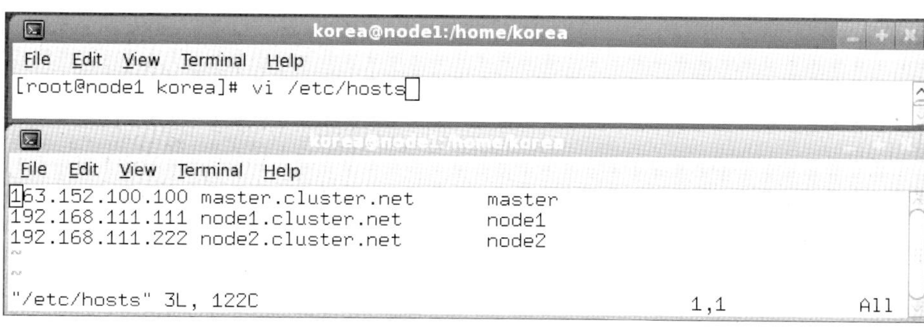

그림 1.60: Hosts

- Exports 설정 (관리 컴퓨터만 설정)

  Terminal에서 `vi /etc/exports`를 입력후 엔터키를 친다.
  /etc/exports파일을 수정하면 파일에 마운트를 허가할 디렉토리와 마운트를 허가할 호스트 목록을 설정할 수 있다.

```
/home   node1(rw,async,no_root_squash)
/home   node2(rw,async,no_root_squash)
```

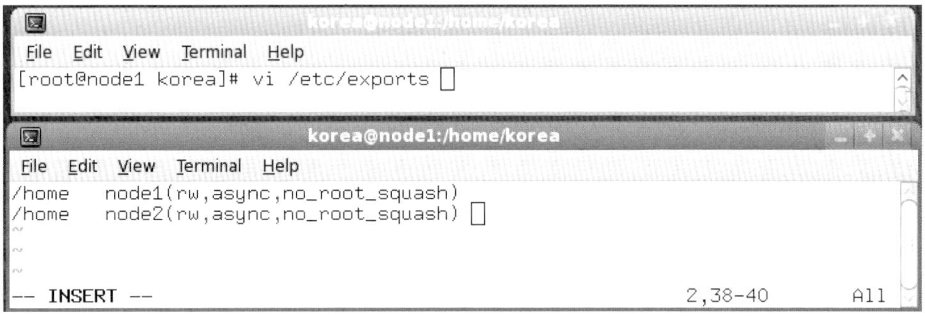

그림 1.61: Exports

Terminal에서 `service nfs restart`를 입력한다. Starting NFS항목들만 OK로 나오면 성공한 것이다.

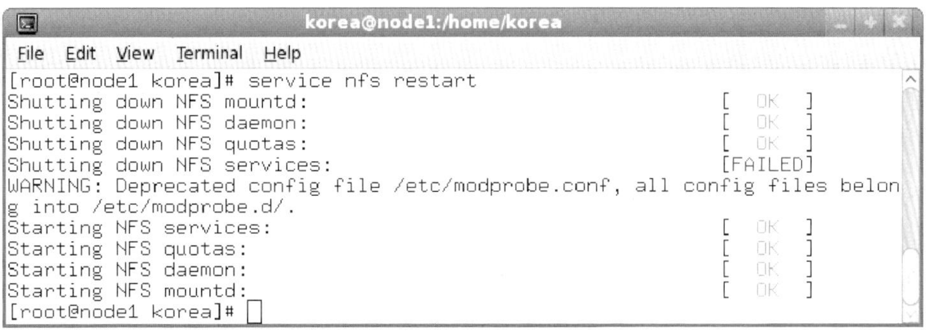

그림 1.62: NFS Restart

portmapper 데몬 확인

RPC portmapper은 RPC 프로그램 번호를 TCP/IP(혹은 UDP/IP) 프로토콜 포트 번호로 변환하는 서버이다. 이것은 머쉰상의 RPC 서버들을 위해 RPC CALL들을 만든다. RPC서버가 시작되면, 이것은 Listen되고 있는 port번호를 portmap에게 알려주고 클라이언트가 주어진 프로그램 번호(PID)에게 RPC프로그램 번호를 만들려고 할 때, 클라이언트는 먼저 서버에 접속하여 RPC 패킷이 어디로 보내져야 하는지 결정하게 된다.

- Terminal에서 `rpcinfo -p | grep portmapper`를 입력하고 다음과 같은 데몬들이 실행 중 인지 확인을 한다.

```
100000 4 tcp 111 portmapper
100000 3 tcp 111 portmapper
100000 2 tcp 111 portmapper
100000 4 udp 111 portmapper
100000 3 udp 111 portmapper
100000 2 udp 111 portmapper
```

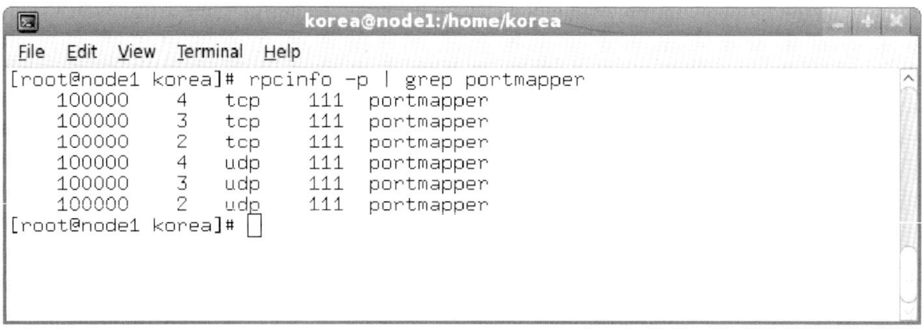

그림 1.63: portmapper 데몬

만약 데몬이 실행되지 않는 경우, Terminal에서 `ntsysv`를 입력한 후 **rpcbind**를 체크한다. 그 다음 `service xinetd restart`를 입력한다.

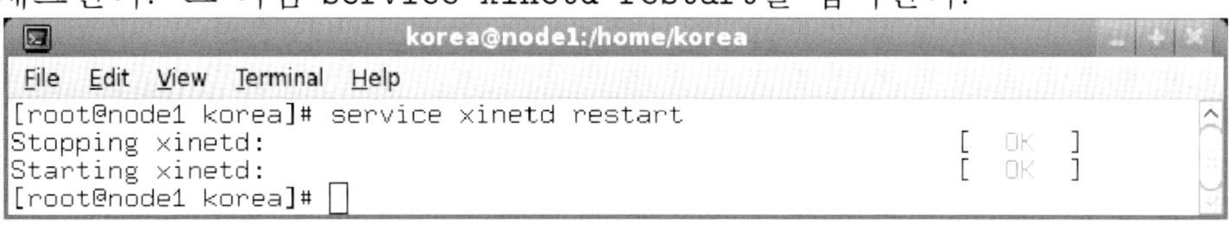

그림 1.64: Xinetd Restart

접근할 Host 등록

서로 접근할 호스트를 /etc/hosts.equiv에 등록한다. 물론 host이름으로 사용하려면 /etc/hosts에 미리 등록해놓아야 한다.

- Terminal에서 `vi /etc/hosts.equiv`를 입력한다.
  본 예제에서는 node컴퓨터 2대 존재하며, host를 node1과 node2로 정의했으므로, 그림 1.65과 같이 **node1, node2**를 입력한 후 저장하자.

그림 1.65: 접근할 Hosts

제 3 절 계산 컴퓨터 설정

접근할 Hosts 까지 관리 컴퓨터 설정과 같으므로, **제 3절 관리컴퓨터 Linux 설치**로 돌아가 중간에 관리 컴퓨터와 다르게 설치하는것에 유의 하면서 계산 컴퓨터에 동일하게 설치해 보자. 설치가 되었다면 다음 순서를 따라 몇가지 설정을 해보자.

♠ 관리 컴퓨터와 mount 설정

리눅스 파일시스템의 mount 설정정보 파일인 /etc/fstab파일을 변경하여 Master컴퓨터와의 NFS설정을한다. /etc/fstab은 총 6개의 필드(파일시스템명시, 파일위치, 종류, 마운트 옵션, 덤프인자, 체크시퀀스 번호)로 구성되어 있다.

- Terminal에서 `vi /etc/fstab`를 입력한다.
  마지막 줄에
  `node1:/home    /home    nfs    hard,intr,rw    0  0`
  을 추가한다. 음절과 음절사이는 Tab으로 띄운다.

그림 1.66: 관리 컴퓨터와 Mount 설정

♠ 부팅시 자동 mount 설정

- Terminal에서 `vi /etc/rc.local`을 입력한다. 마지막 줄에 다음을 입력하자.

```
sleep 7
mount -a
```

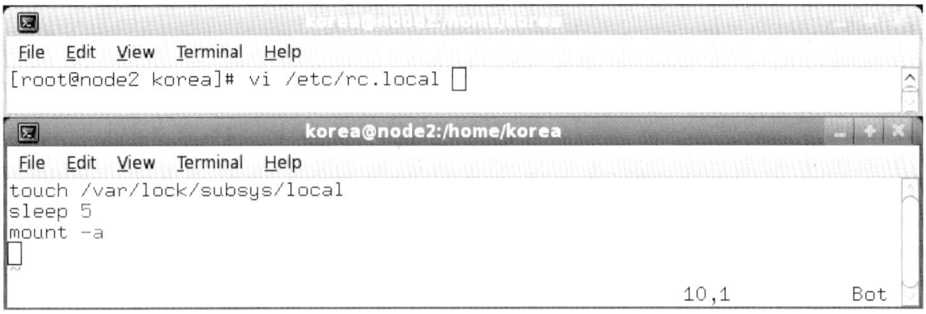

그림 1.67: 부팅시 자동 Mount 설정

♠ 수동 mount 설정

자동 mount 설정이 되지 않을 경우, 수동으로 mount 설정을 해야 한다.

- Terminal에서 `mount -t nfs node1:/home /home`을 입력한다.

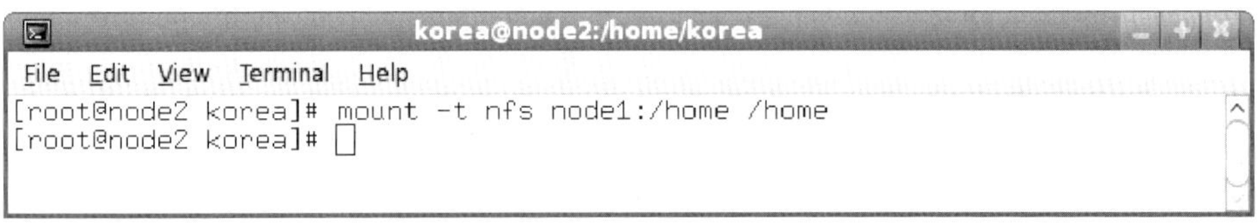

그림 1.68: 수동 Mount 설정

♠ Parallel Programming

병렬계산을 시작시, 반드시 컴퓨터는 관리 컴퓨터 → 계산 컴퓨터 순으로 부팅한 후, 다음을 실행한다.

RSH 확인

관리 컴퓨터와 계산 컴퓨터간에 RSH가 되는지 확인한다.

- 관리 컴퓨터 Terminal에서 root계정이 아닌 일반계정으로 `rsh node2`를 입력한다. password를 요구하지 않고 정상적으로 로그인이 되는지 확인한다.

그림 1.69: 관리 컴퓨터에서 계산 컴퓨터로의 RSH확인

- 계산 컴퓨터 Terminal에서 일반계정으로 `rsh node1`을 입력한다.

그림 1.70: 계산 컴퓨터에서 관리 컴퓨터로의 RSH확인

lamboot

LAM/MPI를 이용하여 MPI Job을 실행 시키기 위해서는 계산에 참여하는 모든 Node에 대해 lamd(LAM demon)가 실행되어야 하며, lamboot이라는 명령이 이러한 역할을 한다. 또한 사용할 Cluster Node에 대한 정보가 있어야 한다.

- 관리 컴퓨터 Terminal에서 <u>root계정으로</u> `vi lamhosts`를 입력한다. 파일이름은 어떠한 이름이어도 상관없다.

  `node1`

  `node2`

  를 입력한다.

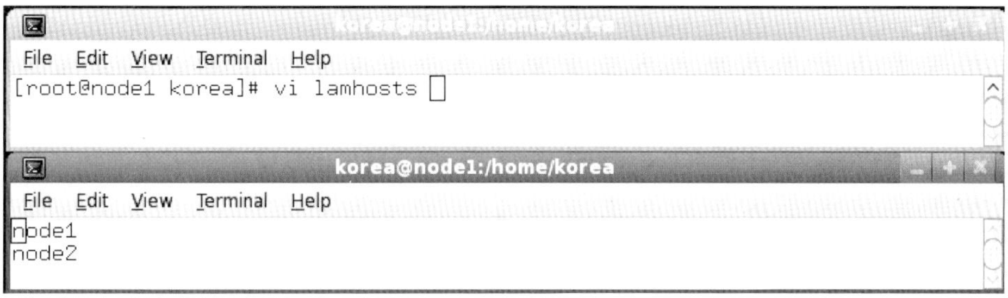

그림 1.71: Cluster Node 정의

그 다음 lamboot명령어로 lamd를 실행시킨다.

- Terminal에서 <u>일반계정으로</u> `lamboot -v lamhosts`(위에서 생성한 파일)를 입력한다.

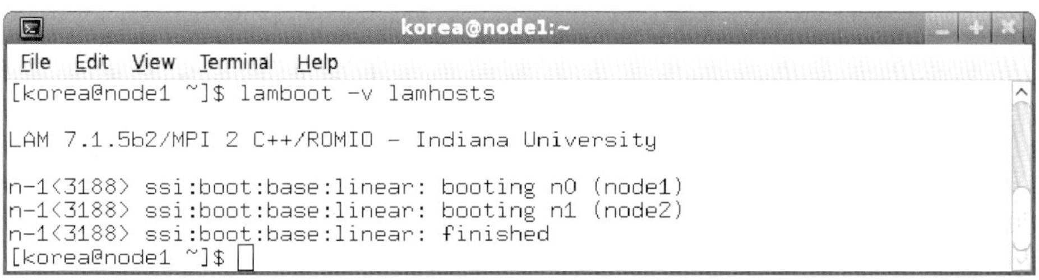

그림 1.72: Node컴퓨터 정의

lamnodes

lamnodes명령어로 현재 node들을 확인할 수있다.

- Terminal에서 <u>일반계정으로</u> `lamnodes`를 입력한다.

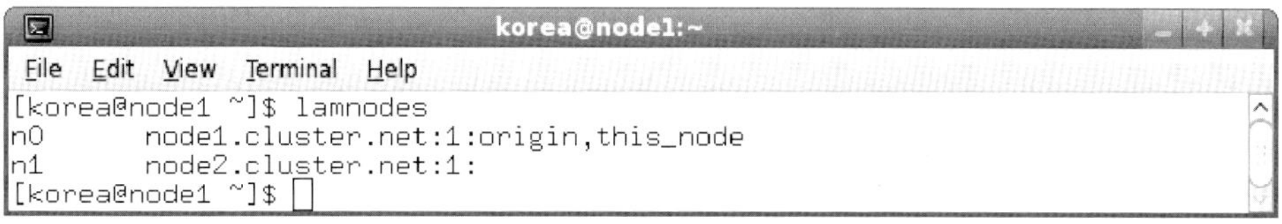

그림 1.73: Node컴퓨터 확인

제 2 장

병렬계산

이제, 병렬 컴퓨터를 사용할 준비가 끝났다고 가정하고 병렬 프로그램을 작동시켜 보자. 이 장에서는 병렬 컴퓨팅의 개념을 이해하고 병렬 함수들의 선언과 기능을 알아보고 병렬화하여 계산된 수치적 해를 GNUPLOT으로 나타내 본다.

제 1 절　Message Passing Interface(MPI)

병렬화 계산을 할 수 있는 언어에는 C언어, C++, FORTRAN 등과 같이 여러 언어가 있다. Message Passing Interface(MPI)는 이런 컴퓨터 언어를 사용하여 프로세서들 사이의 송수신을 위해 호출하는 함수들의 라이버리이다. 일반적으로 알려진 MPI-I 외에도 MPI-II나 공유 메모리 환경에서 프로그램을 병렬화 하는 OpenMP 표준과 같이 여러가지가 있지만 여기에서는 병렬 계산의 가장 기본적인 MPI을 다루어 본다.

제 2 절　병렬 계산에 대해서

2.1　병렬 계산(Parallel Computing) 준비

컴퓨터에서 병렬 계산을 수행할 때에, 컴퓨터 언어로 프로그래밍한 코드를 관리 컴퓨터에서 컴파일(mpicc)한 후 실행(mpirun)을 하면 실행 파일이 계산 컴퓨터에 전달되어 각 컴퓨터가 동일한 코드를 읽게 된다. 계산 컴퓨터의 CPU는 실행되는 코드 중 고유 번호로 선언된 문자만(예, 관리 컴퓨터는 rank 0, 그 외 계산 컴퓨터는 rank 1 , rank 2, ...) 달리 인식해서 실행한다. 또한 실행 시 필요에 따라 관리 컴퓨터와 계산 컴퓨터의 데이터 교환이나 계산 컴퓨터간에 데이터를 교환하게 되는데 계산 컴퓨터에 부과되는 계산 처리 양에 따라 계산 컴퓨터들이 알고리듬 상에 있는 데이터 교환 시점(예, MPI_Send나 MPI_Recv)에 도달하는 시기가 다르게 된다. 따라서 데이터를 교환하기 위해서 먼저 데이터 교환 시점에 도달한 컴퓨터가 다른 계산 컴퓨터가 데이터 교환 시점에 도달하기까지 기다리게 된다. 즉, 효율적인 병렬 컴퓨팅을 하기 위해서는 최대한 상호 의존성이 없는 데이터를 사용하여 데이터 교환 횟수를 줄이거나 계산 컴퓨터에 계산할 데이터 분배를 동일하게 하여 어느 한 컴퓨터가 다른 컴퓨터의 계산을 기다리는 시간을 최대한 절약해야 한다. 이런 데이터 교환의 효율성은 앞으로 나올 점대점(point to point)통신과 집합통신(Collective Communication)과 같은 병렬 계산의 함수를 잘 이해한다면 프로그램 코드를 작성하는 시간과 계산 시간을 줄일 수 있을 것이다.

다음 절에서는 단일코드를 보고 이해한 다음 그 코드를 병렬화해 본다. 또한 여러가지 MPI함수를 써서 복잡한 알고리듬을 더 효율적으로 계산해 본다.

제 3 절 Sequential 계산

우선 병렬계산에 앞서서 단일(sequential) 코드 계산을 먼저 해보자. 다음은 Hello World!를 모니터로 출력하는 간단한 C 프로그램이다.

```
#include <stdio.h>

main()
{
printf("Hello World!\n");
```

```
}
```

C compiler인 gcc로 compile한다. `gcc -o hello.exe hello.c`를 입력한다 (그림 2.1).

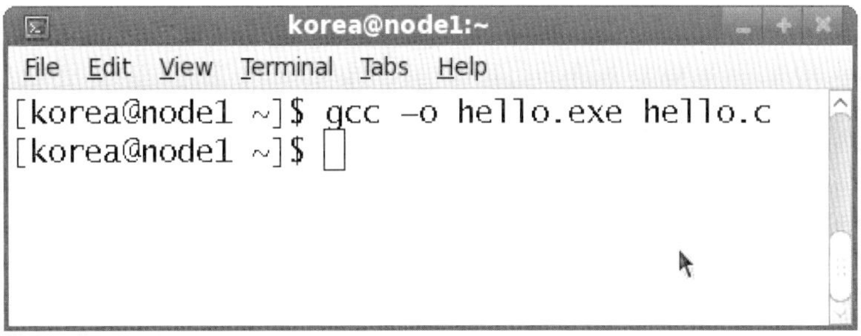

그림 2.1: hello.c Compile 명령문

이제 compile해서 생긴 파일을 실행한다. `./hello.exe`를 입력한다 (그림 2.2). 에러없이 정상적으로 실행이 되는지 확인한다.

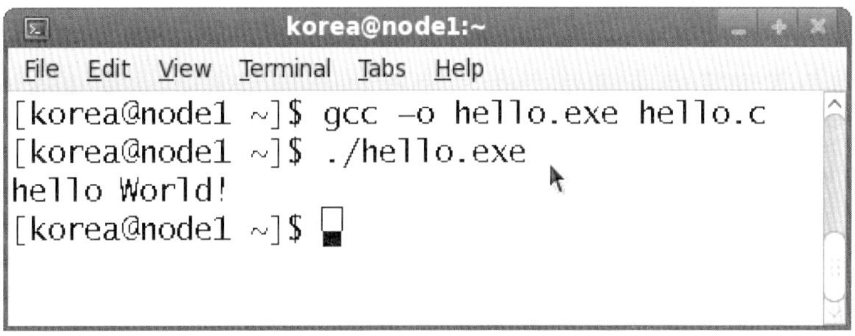

그림 2.2: hello.exe 실행 및 실행결과

다음은 1차원 열방정식을 C 프로그램으로 구현한 것이다. 이 코드에 대한 수학적 설명은 (4.3)절에 설명되어 있으니 참고하기를 바란다.

```
#include <stdio.h>
#include <math.h>
#include <stdlib.h>
```

```
double *dvector (long nl, long nh);
void free_dvector(double *v, long nl, long nh);

int main()
{
  int i, it, it_max = 100, n = 5, tag;
  double pi, time_delta, x_delta,
         x_max = 1.0, x_min = 0.0, *h, *h_new;

  pi=4.0*atan(1.0);
  time_delta = 0.001;
  x_delta=(x_max-x_min)/(double)(n+1);

  h=dvector(0,n+1);
  h_new=dvector(0,n+1);

  for (i=0; i<=n; i++) {
  h[i]=sin(pi*(x_delta*i));}

  for (it=1; it<=it_max; it++) {

  for (i=1; i<=n; i++ ) {

  h_new[i] = h[i]
   +time_delta*(h[i-1]-2.0*h[i]+h[i+1])/(x_delta*x_delta);}

    for (i=1; i<=n; i++) {
      h[i] = h_new[i];}
  }
```

```
  for (i=0; i<=n; i++) {
  printf("%f\n", h[i]);}

  free_dvector(h,0,n+1);
  free_dvector(h_new,0,n+1);

  return 0;
}
double *dvector (long nl, long nh)
{
   double *v;
   v=(double *) malloc((nh-nl+1+1)*sizeof(double));
   return v-nl+1;
}
void free_dvector(double *v, long nl, long nh)
{
   free (v+nl-1);
   return;
}
```

제 4 절 병렬 계산

대부분의 병렬 시스템에서 프로그램의 실행을 포함하는 프로세서(CPU)는 0을 포함하는 고유한 양의 정수 값을 갖는다. 프로그램을 실행하는 p개의 프로세서들이 있다면, rank로 $0, 1, \cdots, p-1$을 갖게 될 것이다. 그리고 주로 프로세서 0은 관리 컴퓨터로서 메세지 송수신을 통해 다른 프로세서들과 통신을 시행한다.

병렬 컴퓨팅에서 착각하지 말아야 하는 것은 계산 컴퓨터에게 각각의 프로그램 코드 파일이 필요한 것이 아니라 관리 컴퓨터에서 컴파일 되는 동일한 하나의 전체 코드를 각 CPU가 프로세서의 고유한 번호(rank)만 다르게 인식하고 실행하는 것이다.

4.1 MPI 프로그램

가장 처음으로 병렬 프로그램을 사용하기 위해서는 MPI함수들이 정의되어 있는 헤더 파일을 적어 주어야 한다. 앞서 병렬 컴퓨터 구축하면서 설치된 mpi.h을 main파일 맨 앞에 `#include <mpi.h>` 입력한다. 즉, mpi.h를 통해서 데이터 전달(Message Passing)을 위한 여러가지 라이브러리 함수를 사용 가능하게 해 준다.
이제, 헤더파일이 있으므로 여러가지 MPI함수들을 사용할 수 있다. (병렬 컴퓨팅과 관계없이 코드 프로그래밍을 위해 표준 입출력 라이브러리 <stdio.h>와 문자열 처리 함수로 < string.h >를 추가해 주었다.) 다음으로 main 파일에 적어 주는 것이 `MPI_Init` 함수 이다. 이 함수를 이용하여 MPI프로그램이 시작함을 컴퓨터에게 알려 준다.

1) MPI초기화

`MPI_Init(&argc,&argv);` 가장 먼저 호출되고 프로그램에 문제가 생기면 오류 값을 출력하게 된다.
`MPI_Status *status;` 수신 데이터에 대한 정보 또는 송신 함수에 대한 오류 값이 있을 경우 오류 메세지를 출력한다.

2) 통신집합

MPI를 초기화한 다음에는
`MPI_Comm_rank`와 `MPI_Comm_size` 함수들을 호출한다.

`MPI_Comm_rank(MPI_COMM_WORLD, &my_rank)`는 전체 프로세서의 위상 (MPI_COMM_WORLD) 중 자신이 몇 번째 프로세서(예, my_rank 값에 관리 컴퓨터는 0, 계산 컴퓨터는 0을 제외한 양의 정수 값이 부과 된다.)에 해당하는지 알려주고 `MPI_Comm_size(MPI_COMM_WORLD,&p)`는 현재 실행되

고 있는 프로세서의 크기를 알려준다. CPU를 두 개를 사용하면 p값에 전체 컴퓨터에 2가 입력된다. 여기서 my_rank나 p값은 미리 정수로 선언해 둔다. 물론 다른 문자로 입력 해도 상관이 없다. 즉, 이 두 함수에 의해 클러스터의 모든 프로세서는 자신의 고유번호(my_rank)와 전체 프로세서의 수(p)를 알게 되어 `MPI_Send`와 `MPI_Recv`와 같은 병렬 함수를 이용할 때 데이터를 송수신 할 수 있게 된다.

MPI종료

`MPI_Finalize(void);` MPI를 종료시키기 위한 함수이다. 모든 프로세서에서 호출되어 프로그램이 종료된다. 이 함수 뒤에는 MPI의 함수를 쓸 수가 없다.

프로그램의 작성이 끝나면 serial 코드와 유사한 방법으로 컴파일을 해야 한다. 작성된 코드를 관리 컴퓨터에 옮기고 터미널에서 아래와 같이 입력한다. 이 책에서는 앞서 설치된 MPI 컴파일러 mpicc를 이용하였다. -o 뒤의 실행파일은 컴파일 후 생성될 파일의 이름을 사용자가 지정한다.

- Terminal에서 일반 계정으로
  `mpicc -o (실행파일.exe) (컴파일될_파일.c)` 를 입력한다.

코드에 오류가 있다면 관리 컴퓨터에서 컴파일 시 알려 준다. 그러나 프로세서간의 통신이 잘못 되었다면 컴파일 시 알려주지 않으므로 조심해야 한다. 컴파일이 오류없이 되었다면 실행은 mpirun으로 사용될 프로세서의 개수를 입력해 준다. 프로세서의 수는 작성된 프로그램에서 맞게 입력하여야 한다. 사용될 프로세서보다 적거나 많게 입력하면 프로그램은 오류 값을 출력한다.

- Terminal에서 일반 계정으로
  `mpirun -np (양의 정수 값) (실행파일.exe)` 를 입력한다.

-np 뒤에는 프로그램이 실행될 프로세서의 수를 양의 정수를 입력한다. 이 값이 코드에서 p 값으로 들어가게 된다.

4.2 병렬 계산

MPI_Send와 MPI_Recv를 이용한 간단한 프로그램을 살펴보자. 프로세서 간의 송수신을 하기 위한 함수의 이용은 다음과 같다.

- MPI_Send의 이용
  int MPI_Send(void *buf, int count, MPI_Datatype datatype, int dest, int tag, MPI_Comm comm)를 입력한다.

MPI_Send에서 buf는 보내려는 데이터이고 count는 그 데이터의 크기인 양의 정수, 그리고 MPI_Datatype는 데이터의 타입이다. 데이터가 정수이면 MPI_INT를 쓰고 소수 값를 가지면 MPI_DOUBLE이나 MPI_FLOAT을 쓰고 교환되는 데이터가 문자이면 MPI_CHAR를 입력하면 된다. dest은 데이터가 도착할 프로세서의 이름이고 그 값은 문자가 아니라 지정된 프로세서의 고유(예, my_rank) 양의 정수 값을 가져야 한다. 정수 tag는 프로세서 사이의 송수신을 구분하기 위해 필요한 장치이며 프로세서가 가지고 있는 고유 값일 필요는 없지만 다른 프로세서의 tag값과 서로 다른 양의 정수면 된다. 하지만 통신 중 송신MPI_Send와 수신을 위한 MPI_Recv의 정수의 tag값이 반드시 일치하여 한다. 마지막으로 MPI_Comm_comm는 통신할 수 있는 프로세스들의 집합이다. 이 곳에서 프로세서의 통신이 이루어 진다.

- MPI_Recv의 이용
  int MPI_Recv(void *buf, int count, MPI_Datatype datatype, int source,int tag, MPI_Comm comm, MPI_Status *status) 를 입력한다.

MPI_Recv의 사용법도 MPI_Send와 유사하다. 데이터 타입 정수인 recvdata를 데이터 크기 size의 수로 Departure으로 부터 받는다. 오류없이 송수신을 하기 위해서는 MPI_Send와 MPI_Recv의 데이터 타입과 크기 size 그리고 tag을 동일하게 해주어야 한다. 그렇지 않으면 TAG값이 중복되어 어느 프로세서와 통신하게 되는 지 알 수 없어 오류가 발생한다. 송수신의 다양한 방법은 커뮤니케이션 전달 (4.4)에서 다루기로 하자.
다음 코드를 이용하여 병렬 컴퓨팅 장치와 MPI 중 MPI_Send와 MPI_Recv가 제대로 작동하는 지 확인해 보자. 만일 아래와 같은 출력 값 (Greetings

from process 1!)이 나오지 않는다면 관리 컴퓨터의 터미널에서 lamboot -v lamhosts를 입력하여 lamboot를 실행 시켜 본다.

```
/******************** hellompi.c **********************/
#include <stdio.h>
#include <string.h>
#include "mpi.h"

void main(int argc, char* argv[])
{
    int my_rank, p, source, dest, tag=0;
    char message[100];
    MPI_Status status;

    MPI_Init(&argc, &argv);
    MPI_Comm_rank(MPI_COMM_WORLD, &my_rank);
    MPI_Comm_size(MPI_COMM_WORLD, &p);

    if (my_rank != 0) {
        sprintf(message, "Greetings from process %d!",
my_rank);
        dest = 0;
        MPI_Send(message, strlen(message)+1, MPI_CHAR,
             dest, tag, MPI_COMM_WORLD);
    }
    else {
        for (source = 1; source < p; source++) {
            MPI_Recv(message, 100, MPI_CHAR, source, tag,
                MPI_COMM_WORLD, &status);
            printf("%s\n", message);
```

```
        }
    }
    MPI_Finalize();
}
```

MPI Compiler인 mpicc로 compile한다.

- Terminal에서 일반 계정으로
  mpicc -o hellompi.exe hellompi.c를 입력한다.

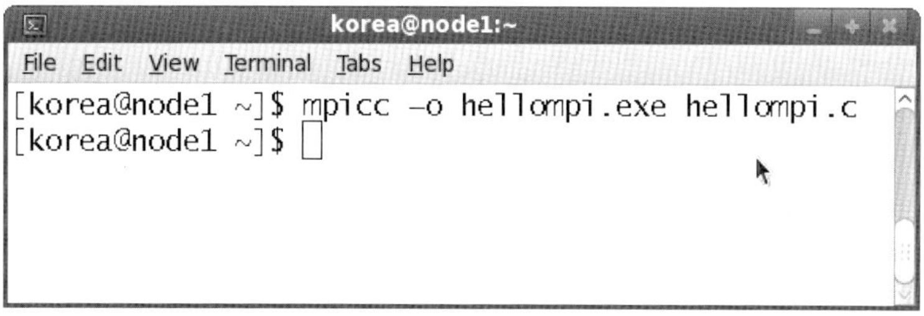

그림 2.3: hellompi.c compile

Parallel Program 실행

mpirun명령어로 compile해서 생긴 파일을 실행한다.

- Terminal에서 일반 계정으로
  mpirun -np 2 hellompi.exe(mpicc로 생성된 실행파일)를 입력한다.
  에러없이 정상적으로 실행이 되는지 확인한다.

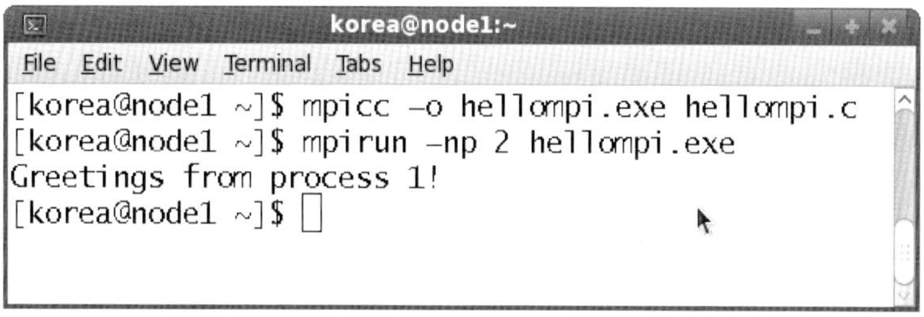

그림 2.4: hellompi.exe 실행

4.3 열방정식

다음은 열방정식을 명시적 유한 차분 법에 따라 계산해 보자. 열방정식은 식(2.2)과 같은 조건을 가진다고 가정하고 미분 방정식을 이산화 시켜 수치적인 해석해를 구하여 해석해와 비교해 보자.

$$\frac{d^2u}{dx^2} = 0, \quad 0 \le x \le 1 \tag{2.1}$$

$$u(0) = 0 \quad \text{and} \quad u(1) = 0 \tag{2.2}$$

전체 정의역 $\Omega = [0,1] \times [0, T = 0.001]$에서 sine 함수의 초기 값을 가지면

$$u(x,0) = \sin(\pi x)$$

1차원 열 방정식의 해석해는 아래와 같고 이 식의 그래프는 그림(2.11)의 곡선처럼 그려진다.

$$w(x,t) = e^{-\pi t}\sin \pi x$$

편미분식을 이산화하기 위해 Taylor 정리를 사용하여 수치해 $u(x+h,t)$를 (x,t)에서의 u의 함수 값으로 표현해 본다.

$$u(x+h,t) = u(x,t) + u_x(x,t)h + \frac{u_{xx}(x,t)}{2!}h^2 + \cdots \tag{2.3}$$

유사하게 수치해 $u(x-h,t)$ 값도 구할 수 있다.

$$u(x-h,t) = u(x,t) - u_x(x,t)h + \frac{u_{xx}(x,t)}{2!}h^2 + \cdots \tag{2.4}$$

식 (2.3)과 (2.4)의 차를 구하면 열방정식에 쓸 수 있는 확산 방정식(2.5)을 얻을 수 있게 된다.

$$u_{xx}(x,t) = \frac{u(x+h,t) - 2u(x,t) + u(x-h,t)}{h^2} + O(h^2) \tag{2.5}$$

시간에 대한 미분 값도 식(2.3)과 같은 방법으로 구한다.

$$u_t(x,t) = \frac{u(x,t+1) - u(x,t)}{h^2} + O(h) \tag{2.6}$$

위 식(2.5)과 식(2.6)을 열방정식 (2.2)에 넣어 명시적으로 양 변을 정리하면 다음 식이 나온다.

$$u_t(x, t+1) = u_t(x, t+1) + \frac{dt}{h^2} u(x, t-1) - 2u(x, t)u(x, t+1) \tag{2.7}$$

이 부분을 C코드로 표현하면 아래와 같다.

u_new[i]=u_old[i]+dt*(u_old[i-1]-2.0*u_old[i]+u_old[i+1])/(h*h);   (2.8)

위 코드에서 u_new는 for문 중 계산되어야 할 값으로써 u_old보다 $dt = \Delta t$만큼 더 나간 시간이다. for문 마지막에는 u_old 값에 u_new 값이 넣어주어 새로운 u_new 값을 계산할 수 있게 한다.

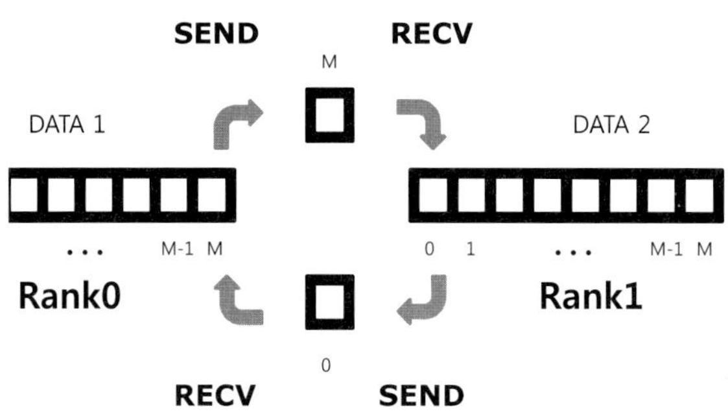

그림 2.5: 정의역에서 계산된 데이터의 교환

아래는 위 방정식과 초기 및 경계 조건을 가지는 MPI프로그램을 구현한 코드이다. 프로세서 2개를 이용하여 전체 정의역을 두 개로 나누었다. 나뉜 정의역에서 각 프로세서가 작업을 처리하도록 하고 프로그램 중간에 다른 프로세서가 처리한 값이 필요하거나 다른 프로세서에서 계산된 값을 보내달라고 요청하면 그 값을 메시지로 주고받도록 하였다. 그림 (2.5)와 같이 가장자리의 M과 0의 값이 교환된다.

```
/****************  heat_mpi.c ********************/

# include <stdlib.h>
# include <stdio.h>
# include <math.h>
# include "mpi.h"

double *dvector (long nl, long nh);
void free_dvector(double *v, long nl, long nh);
int main ( int argc, char *argv[] )
{
  int id, p, i, it, it_max = 10, m = 4, tag;
  double pi, dt, h, *u_old, *u_new, start,etime;



  MPI_Init ( &argc, &argv );
  start = MPI_Wtime();
  MPI_Comm_rank ( MPI_COMM_WORLD, &id );
  MPI_Comm_size ( MPI_COMM_WORLD, &p );

  pi=4.0*atan(1.0);
  dt = 0.001;
  h=1.0/(2.0*m-1.0);
  u_old=dvector(0,m);
  u_new=dvector(0,m);
  for (i=0; i<=m; i++) {
```

```
  u_old[i]=sin(pi*(h*i+(0.5-0.5*h)*id));}

  /******************    PART A  **********************/

  MPI_Status status;

  for (it=1; it<=it_max; it++) {
   if (id==1) {
    tag = 1;
  MPI_Send(&u_old[1],1,MPI_DOUBLE,0,tag,MPI_COMM_WORLD );}
   if (id==0) {
    tag = 1;
  MPI_Recv(&u_old[m],1,MPI_DOUBLE,1,tag,MPI_COMM_WORLD,
     &status);}
   if (id==0) {
    tag = 2;
  MPI_Send(&u_old[m-1],1,MPI_DOUBLE,1,tag,MPI_COMM_WORLD);}
   if (id==1) {
    tag = 2;
  MPI_Recv(&u_old[0],1,MPI_DOUBLE,0,tag,MPI_COMM_WORLD,
     &status);}

     /***************************************************/
 for (i=1; i<m; i++ ) {
   u_new[i] = u_old[i]+dt*(u_old[i-1]-2.0*u_old[i]
                       +u_old[i+1])/(h*h);}
    for (i=1; i<m; i++) {
      u_old[i] = u_new[i];}
  }
```

```
  for (i=0; i<m; i++) {
  printf("node %d %f\n",id,u_old[i+id]);}

  free_dvector(u_old,0,m);
  free_dvector(u_new,0,m);

  etime = (MPI_Wtime() - start);

  if (id==1){
  printf("tasks took %6.6f seconds\n",etime);
  }
  MPI_Finalize ( );
  return 0;
}

double *dvector (long nl, long nh)
{
   double *v;
   v=(double *) malloc((nh-nl+1+1)*sizeof(double));
   return v-nl+1;
}
void free_dvector(double *v, long nl, long nh)
{
   free (v+nl-1);

}
```

여기서 dvector는 동적 메모리를 할당하고 free_dvector는 그 메모리를 제거하게 된다.

프로그램의 실행은 현재 heat1d.c 파일이 있는 위치에서 앞서 설명한 순서대로 동일하게 하면 된다. 컴파일 마지막의 -lm은 link the math library의 줄임말로 수학 단어(sin이나 지수 연산 pow)에 관련된 코드 명령어가 있을 시 입력한다.

```
mpicc -o heat.exe heat_mpi.c -lm
```

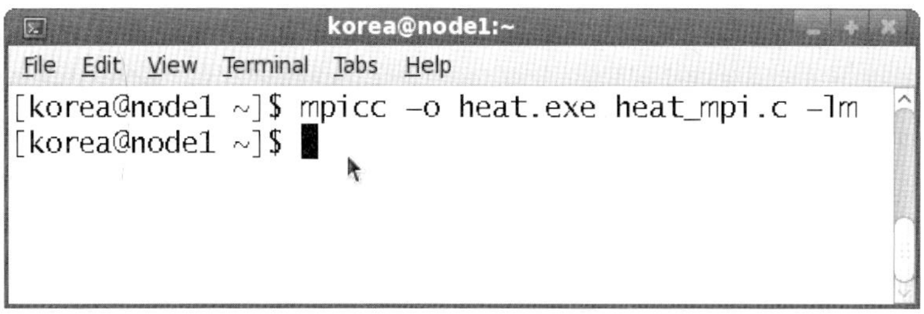

그림 2.6: heat_mpi.c Compile

위의 명령어에 의해 heat이라는 실행파일이 만들어진다. 그 실행파일을 2개의 프로세스에 의해 실행되도록 명령하자.

```
mpirun -np 2 heat.exe
```

이 프로그램의 결과는 그림 2.10과 같이 화면에 나타난다. 먼저 결과에 도달한 프로세서부터 출력하게 된다.

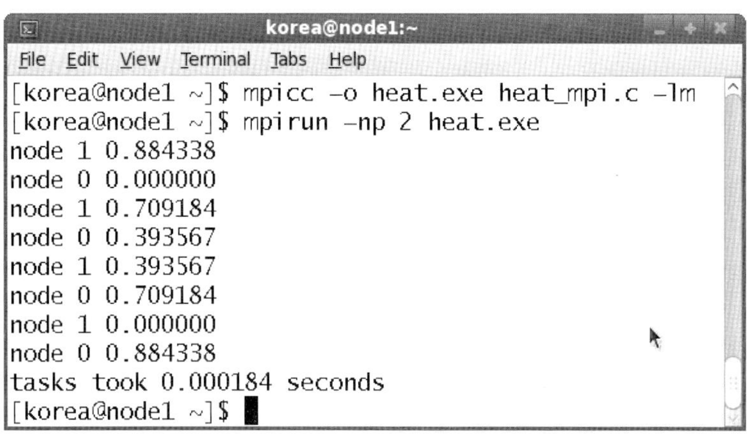

그림 2.7: heat.exe 실행

4.4 커뮤니케이션 전달

앞 단락의 메세지 출력과 같이 다른 rank와 데이터를 교환하는 것을 Communication이라 하는데 이런 교환 방식에는 Blocking과 Nonblocking 두 종류가 있다. Blocking Communication은 코드를 수행하는 각 각의 rank가 알고리듬의 교환 점에서 송신 신호를 보내고 다른 반대쪽에서 수신 가능 신호가 오면 데이터를 교환하게 된다. 즉, 하나의 rank가 MPI_Send에 도착하면 송신 가능 신호를 보내고 프로세스를 멈추고 있다가 다른 rank의 MPI_Recv가 송신 신호를 보내면 데이터를 보내고 난 후 프로세스를 진행하게 된다.(그림 (2.9)) 이런 Blocking 방식은 각 각 대응되는 MPI_Send와 MPI_Recv 한 쌍의 명령들을 순차적으로 실행하게 되어 process마다 데이터 양의 차이나 실행 처리 속도 차이에서 나오는 실행 시각 불일치를 사전에 방지할 수 있어 안전한 장점이 있지만 실행이 교착 상태에 빠지거나 실행 값을 교환하는 과정에서 병렬 컴퓨팅의 속도를 저하시킨다는 단점이 있다.

이처럼 MPI_Send와 MPI_Recv을 사용하여 병렬 계산을 할 때 데이터

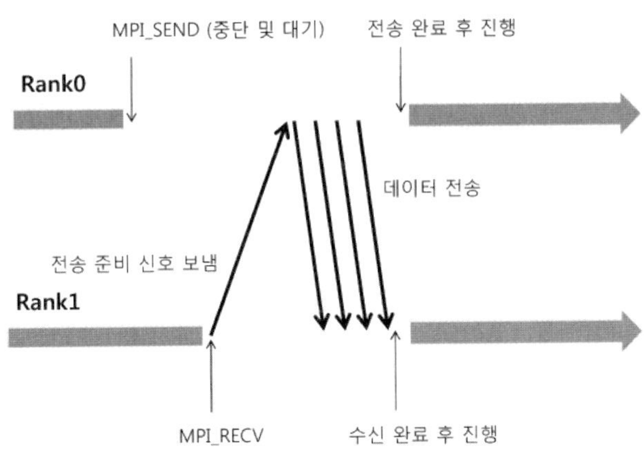

그림 2.8: blocking 데이터 교환

를 송신이나 수신할 준비가 되었다는 다른 프로세서의 허락이 필요한 경

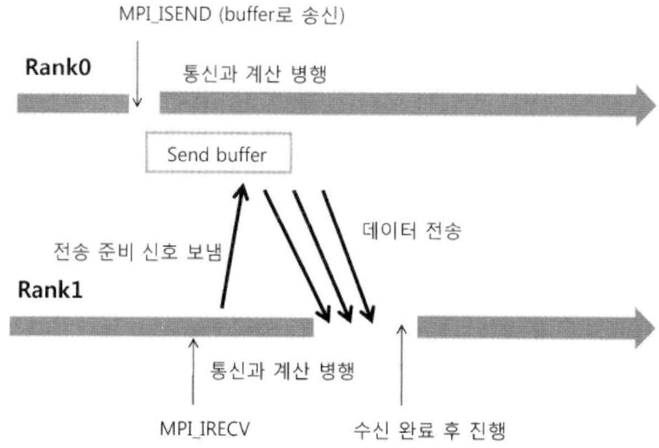

그림 2.9: Nonblocking 데이터 교환

우도 있지만 각 각의 정보 교환의 명령문들이 독립적일 수도 있다. 다시 말해, 정보의 송수신이 다른 명령문과 연관 없이 즉각적(Immediately)으로 실행 되는 것을 Nonblocking communication이라고 하고 명령문으로는 MPI_Isend와 MPI_Irecv를 사용한다. 통신과 계산 작업을 동시에 하기 때문에 효율적이며 통신 부하가 감소하는 장점이 있지만 데이터의 교착 상태를 방지하기 위해서 MPI_waitall을 써 주어 각 프로세서들의 알고리듬을 동기화(Synchronization)해 주어야 한다. 이 명령문에 대해서는 뒷 부분에서 예를 통해 자세히 다루기로 하자. 예시로 위 코드(heat_mpi.c)의 A part만 아래 코드로 교체하여 Nonblocking 코드를 만들어 보자.

이 외에도 여러가지 통신 기호를 쓰면서 rank사이의 데이터를 주고 받을 때는 프로그램에 오류가 자주 발생한다. 심지어 buffer를 이용하지 않는 경우에도 통신을 주고 받는 부응의 불일치 때문에 deadlock 즉, 통신교착 상태에 빠질 수 있다. 이처럼 복잡한 코드를 방지하기 위해서 MPI_Sendrecv를 사용하면 교착을 방지하면서 쉽게 프로그램을 코딩할 수 있다.

```
/******************    PART A   **********************/

MPI_Request requests[2*p];
MPI_Status status[2*p];
for (i=0; i<(2*p); i++) requests[i] = MPI_REQUEST_NULL;

for (it=1; it<=it_max; it++) {
 if (id==1) {
  tag = 1;
 MPI_Isend(&u_old[1],1,MPI_DOUBLE,0,tag,MPI_COMM_WORLD,
          &requests[0] );}
 if (id==0) {
  tag = 1;
  MPI_Irecv(&u_old[m],1,MPI_DOUBLE,1,tag,MPI_COMM_WORLD,
          &requests[1]);}
 if (id==0) {
  tag = 2;
MPI_Isend(&u_old[m-1],1,MPI_DOUBLE,1,tag,MPI_COMM_WORLD,
          &requests[2]);}
 if (id==1) {
  tag = 2;
  MPI_Irecv(&u_old[0],1,MPI_DOUBLE,0,tag,MPI_COMM_WORLD,
          &requests[3]);}
 /***************************************************/
```

4.5 GNUPLOT으로 그래프 그리기

GNUPLOT은 리눅스 환경에서 수학적으로 계산된 값을 그리기에 유용한 그래픽 소프트웨어이다. 데이터을 이용하거나 주어진 식을 점이나 선을 포함하여 2D와 3D의 다양한 그림을 그릴 수 있다. GNUPLOT은 또한 (\\`http://www.gnuplot.info/`)에서 무료로 다운로드 받을 수 있다.
설치는 다음과 같이 한다. 위 웹주소에서 GNUPLOT을 다운 받기를 클릭한 후 다운로드가 종료되면 터미널로 다운 받은 폴더로 가서

- `rpm -ivh gnuplot_(다운로드된_파일의_버전.rpm)` 을 입력한다.

이 후 인터넷에 연결된 것을 확인하고(연결이 안되어 있을 시 터미널에서 service network restart를 입력하여 인터넷과 연결한다.)

- `yum install gnuplot` 입력하여 필요한 파일들을 다운로드 받는다.

그러면 GNUPLOT으로 그림을 그릴 준비는 끝났다. 이제, 이 소프트웨어를 이용하여 수치적으로 계산된 결과 파일을 그래프로 그려 본다. 가령 아래와 같은 데이터 파일(data.dat) 있다고 하면

```
# this mark "#" is regarded as a comment, so that ignored
#          x           a            b
           1           1            1
           2           2            4
           3           3            9
           4           4            16
           5           5            25
           6           6            36
           7           7            49
           8           8            64
           9           9            81
           10          10           100
```

그림을 그리는 명령문은 아래와 같다.

```
plot "data.dat" using 1:2 title 'a' with lines,\ "data.dat"
using 1:3 title 'b' with lines
```

즉,"data.dat"파일을 1열을 x축으로 2열을 y축 a의 값으로 선으로 그리게 되고 또한"data.dat" 중 1열을 x축으로 3열을 y축 b의 값을 선으로 그리게 된다.

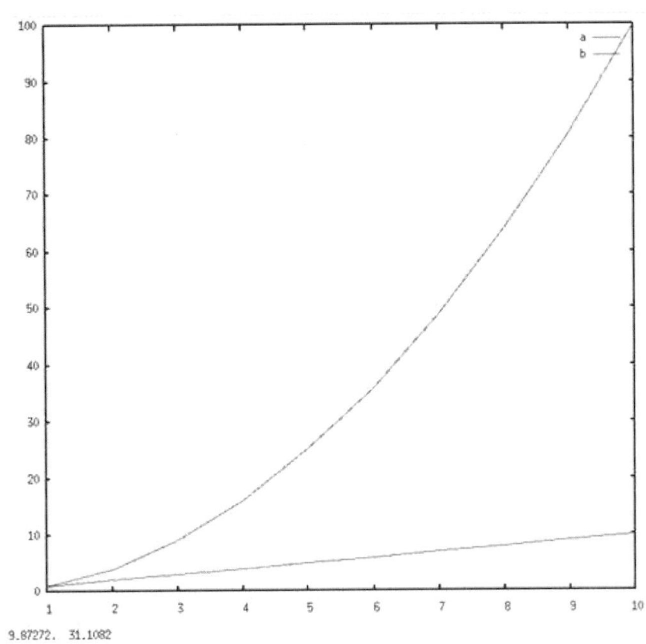

그림 2.10: GNUPLOT 실행

아래의 코드는 1차원 열방정식을 명시적 유한 차분법으로 푼 코드이다. 정의역은 두 개로 나누어 병렬 컴퓨팅을 하였다.

또한 Gather함수를 이용하여 데이터를 모은 후 heat1d.dat파일을 생성하게 하였다.

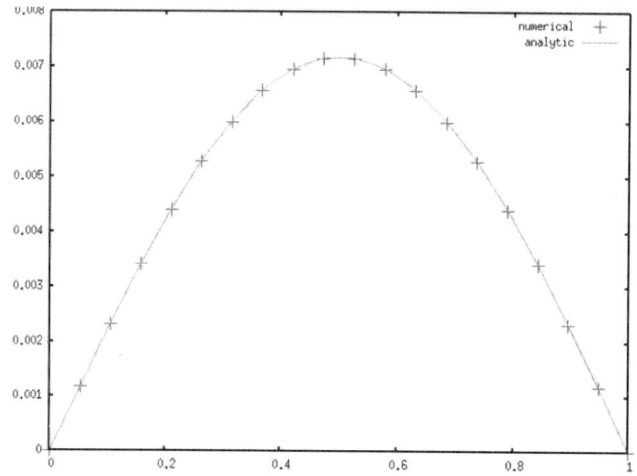

그림 2.11: GNUPLOT 실행

- `MPI_Gather`의 이용
  `int` MPI_Gather(void *sendbuf, int sendcnt, MPI_Datatype sendtype, void *recvbuf, int recvcount, MPI_Datatype recvtype, int root, MPI_Comm_WORLD)를 입력한다.

sendbuf은 각 계산 컴퓨터가 가지고 있는 데이터 타입(sendtype)인 값들이고 이 값들의 크기(sendcnt)만큼의 수를 정수인 root에서 데이터 타입(recvtype)인 recvbuf로 recvcount만큼 모으게 된다.
위 그림(2.11)의 점은 수치해이고 곡선은 해석해를 그린 것이다.

```
/*****************  heat_mpi_plot.c *****************/


# include <stdlib.h>
# include <stdio.h>
# include <math.h>
# include "mpi.h"


double *dvector (long nl, long nh);
```

```
void free_dvector(double *v, long nl, long nh);
int main ( int argc, char *argv[] )
{
  int id, p, i,it, it_max, m = 10, s_tag,r_tag;
  double pi, T, dt,L=1.0, h, *gather,*buffer,*exact_u,
        *x,*xp, *u_old, *u_new, start,etime;

  MPI_Init ( &argc, &argv );
  start = MPI_Wtime();
  MPI_Comm_rank ( MPI_COMM_WORLD, &id );
  MPI_Comm_size ( MPI_COMM_WORLD, &p );

  pi=4.0*atan(1.0);
  dt = 0.001;
  T=0.5;
  it_max=(int)(T/dt);
  h=(double)L/(p*m-1.0);
  x       =dvector(1,m);
  xp      =dvector(1,p*m);
  u_old   =dvector(0,m+1);
  u_new   =dvector(0,m+1);
  buffer  =dvector(0,m-1);
  gather  =dvector(1,p*m);
  exact_u=dvector(1,p*m);
  for (i=1; i<=m; i++){
  x[i]=(double) 0+((i+m*id)-1)*h;
  }

  for (i=1; i<=p*m; i++){
```

```
xp[i]=(double) 0+(i-1)*h;
}

for (i=1; i<=m; i++) {
u_old[i]=sin(pi*x[i]);
}

MPI_Status status;
 printf("it_max %d \n",it_max);
for (it=1; it<=it_max; it++) {
 if (id==1) {
     u_old[m]=0;
  s_tag = 1;
MPI_Send(&u_old[1],1,MPI_DOUBLE,0,s_tag,MPI_COMM_WORLD );
  r_tag = 2;
MPI_Recv(&u_old[0],1,MPI_DOUBLE,0,r_tag,MPI_COMM_WORLD,
           &status);}
 if (id==0) {
     u_old[1]=0;
  r_tag = 1;
MPI_Recv(&u_old[m+1],1,MPI_DOUBLE,1,r_tag,MPI_COMM_WORLD,
           &status);
 s_tag = 2;
MPI_Send(&u_old[m],1,MPI_DOUBLE,1,s_tag,MPI_COMM_WORLD);}

 if (id==1) {
for (i=1; i<m; i++ ) {
 u_new[i] = u_old[i]+dt*(u_old[i-1]-2.0*u_old[i]
                        +u_old[i+1])/(h*h);}
```

```
    }
    else
    {
     for (i=2; i<=m; i++ ) {
    u_new[i] = u_old[i]+dt*(u_old[i-1]-2.0*u_old[i]
                            +u_old[i+1])/(h*h);}
    }

     for (i=1; i<=m; i++) {
       u_old[i] = u_new[i];}
   }

   for (i=1;i<=m;i++){
       buffer[i-1]=u_old[i];
   }

   MPI_Gather(buffer,m,MPI_DOUBLE,
                gather,m,MPI_DOUBLE,0,MPI_COMM_WORLD);

   etime = (MPI_Wtime() - start);
 if (id==0) {
   FILE   *fpp;
   for (i=1;i<=p*m;i++){
   exact_u[i]=sin(pi*h*(i-1))*exp(-1*pow(pi,2)*T);
   }
 fpp=fopen("heat1d.dat", "w");
 /*파일 이름을 heat1d.dat이라고 합니다.*/
  for (i=1; i<=2*m; i++) {
     /*for문을 돌려 줍니다.*/
```

```
    fprintf(fpp,"%f %f %f \n", xp[i], gather[i-1],
exact_u[i]);
/*계산한 값이 소수이기 때문에 %f를 쓰고
 정수면 %d 라고 씁니다.*/
    }
fclose(fpp);
/*파일을 닫습니다.*/
}
  free_dvector(u_old,0,m+1);
  free_dvector(u_new,0,m+1);
  free_dvector(x,1,m);
  free_dvector(xp,1,p*m);
  free_dvector(gather,1,p*m);
  free_dvector(buffer,0,m-1);
  free_dvector(exact_u,1,p*m);
  /*동적 메모리를 지우게 됩니다.*/
  MPI_Finalize ( );
  return 0;
}
double *dvector (long nl, long nh)
{
   double *v;
   v=(double *) malloc((nh-nl+1+1)*sizeof(double));
   return v-nl+1;
}
void free_dvector(double *v, long nl, long nh)
{
   free (v+nl-1);
}
```

참고 문헌

[1] 이식, 이홍석, 김정한, 이승우, *MPI 병렬 프로그래밍*, Oxford 어드북스(한솜), 2010

[2] 김민장, *프로그래머가 몰랐던 멀티코어 CPU 이야기*, 2010, 한빛미디어

[3] Petersen W.P., Arbenz P, *An Introduction to Parallel Computing*, Oxford University Press, 2004

[4] Mattson Timonthy G., Sanders Veverly A., Massingill Berna L., *Patterns for Parallel Programming*, Addsison Wesley, 2005

[5] Gropp W., Lusk E., Skellum A. *Using MPI Portable Parallel Programming with the Message-Passing Interface* , 2/E, The MIT Press , 1999

[6] Pacheco P.S.,*Parallel Programming with MPI*,Morgan Kaufmann Publishers, 1997

[7] Quinn Micheal J., *Parallel Programming in C with MPI and OPENMP*, McGraw Hill , 2003

김준석

고려대학교 수학교육과 졸업(1995년, 이학학사)
서울대학교 수학과 대학원 졸업(1997년, 이학석사)
University of Minnesota 수학과 대학원 졸업
(2002년, 이학박사: 응용수학, computational fluid dynamics, 과학계산 전공)
University of California, Irvine 수학과
(2002년~2006년, 박사후연구원)
동국대학교 수학과(2006년~2007년, 조교수)
고려대학교 수학과(2008년~현재, 부교수)
이메일 cfdkim@korea.ac.kr
홈페이지 http://math.korea.ac.kr/~cfdkim

PC 클러스터 구축 및 병렬계산
(PC Cluster Building and Parallel Computing)

2011년 2월 25일 초판 인쇄
2011년 3월 2일 초판 발행

저 자 / 김성기 · 이동선 · 정다래 · 김준석
발행자 / 오판근
발행처 / 교우사

주 소 / 서울 동대문구 제기2동 148-19
전 화 / 925-2861(代), 편집부 / 925-2825
팩 스 / 925-2860

E-mail / kyowoo@kyowoo.co.kr
http://www.kyowoo.co.kr

등록 / 1994. 3. 24 제6-0256호

ISBN 978-89-8172-889-2 (93410)

값 8,000 원